Sándor Márai
Der Wind kommt vom Westen

Zu diesem Buch

Im Jahr 1959 machte Sándor Márai eine ausgedehnte Reise quer durch das Land, das ihn 1952 als ungarischen Emigranten aufgenommen hatte. Sensibel nimmt er Impressionen auf und gibt in seinen literarischen Reisebildern auch Einblicke in die amerikanische Geschichte. Ob er den Bewohnern der Indianerreservate in Arizona begegnet, die bunte Welt der Chinesen in San Francisco erlebt oder die greisenhaften Millionäre in Florida – immer stellt sich ihm die Frage nach dem echten Wesen des Amerikaners, nach der Diskrepanz zwischen dem urbanen und kosmopolitischen Europa und dem in seinen Augen »provinziellen« Amerika. Präzise Kritik, authentisches Urteil und ein frischer Blick zeugen von Márais Empfänglichkeit für die erste Begegnung mit der Fremde.

Sándor Márai, 1900 in Kaschau (Košice, heute Slowakei) geboren, lebte und studierte in verschiedenen europäischen Ländern, ehe er 1928 als Journalist nach Budapest zurückkehrte. Er verließ Ungarn 1948 aus politischen Gründen und ging 1952 in die USA, wo er bis zu seinem Freitod 1989 lebte. Mit der Neuausgabe des Romans »Die Glut« (1999) wurde Márai als einer der großen Schriftsteller des 20. Jahrhunderts wiederentdeckt. Zuletzt erschienen »Ein Hund mit Charakter« sowie der Briefwechsel mit Tibor Simányi, »Lieber Tibor«.

Sándor Márai
Der Wind kommt vom Westen

Amerikanische Reisebilder

Aus dem Ungarischen von
Artur Saternus

Piper München Zürich

Von Sándor Márai liegen in der Serie Piper außerdem vor:
Bekenntnisse eines Bürgers (3081)
Tagebücher 1984–1989 (3183)
Land, Land (3184)
Die Glut (3313)
Das Vermächtnis der Eszter (3511)
Ein Hund mit Charakter (Piper Original, 7028)

Ungekürzte Taschenbuchausgabe
Piper Verlag GmbH, München
Juli 2002
© 1964, 2000 Langen Müller in der F. A. Herbig
Verlagsbuchhandlung GmbH, München
Umschlag/Bildredaktion: Büro Hamburg
Isabel Bünermann, Julia Martinez, Charlotte Wippermann
Foto Umschlagvorderseite: Getty Images/Stone
Satz: Uwe Steffen, München
Druck und Bindung: Clausen & Bosse, Leck
Printed in Germany   ISBN 3-492-23406-2

www.piper.de

Inhalt

Zwischen New York und San Francisco	7
San Francisco	12
Highway No. 1	28
Monterey	34
Santa Barbara	41
Los Angeles	44
Mexiko	63
San Diego	76
Mount Palomar	82
Arizona	99
Phoenix	103
New Mexiko	113
Texas	115
Juarez	124
Houston	134
Louisiana	154
New Orleans	157
Florida	175
St. Petersburg	178
Miami	183
Zwischen Miami und New York	191
New York	194

Zwischen New York und San Francisco

Auf dem Flugplatz von New York herrscht die plumpe Vertraulichkeit ländlicher Wartesäle. Zwischen den Kontinenten, zwischen Wolken und Ozeanen ist ein neuer Typ von Reisenden aufgetaucht. – Die meisten von ihnen fliegen heute genauso bepackt, knabbernd und kauend, ländlich, wie sie früher im Planwagen gereist sind. Im kosmischen Sinn beginnt die Welt provinziell zu werden.

Das Flugzeug startet mit einer Stunde Verspätung in einem Nebel wie Erbspüree. Lange kommen wir aus ihm nicht heraus. In der Gegend von Chicago sieht man in der Tiefe eingefrorene Flüsse und verschneite Äcker, dann stundenlang wieder Nebel.

Wir sind ungefähr vierzig Reisende. Die Stewardessen verteilen gestrickte rote Strumpfbabuschen, weil auf der langen Fahrt viele die Schuhe als Qual empfinden und sie ausziehen. Das Flugzeug hat einen kleinen Salon, wo man Karten spielt. Alle zwei Stunden meldet der Lautsprecher die Höhe, in der wir fliegen, und daß wir gegen starken Westwind angehen. Aber der Pilot hofft, daß es keine Verspätung gibt.

Die künstliche Luftdruckregelung funktioniert tadellos. Das Radar gibt der Maschine die Möglichkeit, die Sturmzonen der Luftströmungen in 300 Kilometer Umkreis zu umgehen. Die Maschine fliegt ruhig und schwankt auch nicht. Es ist ein Propellerflugzeug –

3000 derartige Maschinen fliegen jetzt in der Welt. Es wird nicht mehr lange dauern, bis man diese Propellermaschinen aus dem internationalen Verkehr herauszieht, weil sie die Konkurrenz des Düsenflugzeugs nicht vertragen. Dennoch werden sie im örtlichen Verkehr auch weiter holpern – wie die Personenzüge. Ihre Passagiere werden dann ältere Leute sein, die keine Eile haben und mit dem altmodisch holpernden Reisen bei 650 Stundenkilometer Geschwindigkeit zurechtkommen.

Eine Dame hat eine schwarze Seidenmaske angelegt. Sie will nicht, daß ihre Reisegefährten zwischen zwei Nickerchen ihr unbewußtes Mienenspiel beobachten. Mit uns reist eine elegante Inderin in bunter Seide, allein. Auch eine japanische Familie mit einem quakenden Kind ist dabei: Es ist der kürzeste Weg von New York nach Tokio. Das Kind weint manchmal auf und sagt zwischen den Wolken etwas in seiner internationalen Sprache. Dieses Kinderweinen versteht jeder in der ganzen Welt. Zwei Burschen aus Texas sitzen vor mir; nach dem Start haben sie sich sofort besäuselt, spielen Karten und stützen ihre Füße in den roten Babuschen auf die Lehne des Sitzes vor ihnen. Das kleine Transistorradio, das ich mit auf die Reise genommen habe, ist hier oben zwischen den Wolken verstummt, wie jemand, dem in einer unerwarteten Situation vor Schrecken die Sprache wegbleibt.

Lange herrscht Stille, niemand spricht. Diese Stille begann in dem Moment, als die Tür des großen Passagierflugzeugs auf dem Flugplatz luftdicht geschlossen wurde und die Motoren angeworfen wurden. Inmitten aller »Routine« beginnen nicht nur die Luftschrauben zu kreisen, sondern auch die Drehzahl des Menschenschicksals verändert sich. In einer Art schizophrener Perspektive erscheinen dann Persönlichkeit und Schicksal. Kann man sich mit stündlich 650 Kilometer Geschwindigkeit von dem »entfernen«, was wir auf Erden waren, was wir sind? ... Derlei gibt es nicht. Schicksal und Persönlichkeit sind unabhängig von Raum und Zeit. Zwischen den Wolken, schneller als der Schall, von dem davoneilend, was ich auf der Erde war und worin ich lebte, bin ich dennoch derselbe und habe dasselbe Schicksal.

Ich fahre nach Westen wie dereinst in meiner Jugend. Diese Erkundungsfahrten gegen Sonnenuntergang bedeuteten zwei oder drei Jahrzehnte früher für den Europäer eine Reise nach Paris oder eine Überfahrt über den Ärmelkanal. Weiter dachte niemand, wenn er in Europa auf eine Erkundungsfahrt nach Westen ging. Heute ist San Francisco eines der letzten Reiseziele des westlichen Verkehrskreises. Dort endet der »Westen« und beginnt der »Osten«. Der Gemeinplatz, nach dem im Zeitalter der Düsenflugzeuge der Atlantische Ozean Europa von Amerika nur in der Weise trennt, wie der Ärmelkanal das kontinentale Europa von England scheidet – dieser Gemeinplatz ist heute fahrplanmäßige Wirklichkeit. In diesem neuen westlichen Raum reise ich jetzt. Als kulturelle Raumeinheit ist der Westen gewachsen. Er ist um einen Kontinent größer als vor dreißig Jahren.

Die Wolken teilen sich, und kurze Zeit kann man etwas von Amerika sehen: einen Fluß, eine Bergkette, die amerikanische Landschaft des Mittleren Westens, eine weite Agrarlandschaft. Sie entstand in dem Augenblick, als ein nomadisierendes Pioniergeschlecht begriff, daß man nicht ewig wandern, fischen und jagen mußte: Man konnte sich irgendwo niederlassen und durch Ackerbau dem Boden regelmäßig Nahrung abgewinnen. Immer beginnt die Zivilisation mit diesem Augenblick.

Mit gleichmäßigem Schwingen fliegt die Maschine über das gebirgige Land. Die Maschine hat ebenso wie die Landschaft den gleichen Rhythmus, wie ein Vers von Walt Whitman. Er schrieb die langen, schwingenden Zeilen über Amerika, über die großen Ströme, über die Urwälder und Ozeane, über die Menschen, die eines Tages – vor hundert Jahren erst – von Osten her in diese Landschaft aufbrachen, um einen Kontinent in Besitz zu nehmen und zu erschließen. Sie folgten dem Ruf des Goldes, des Silbers und später des Öls, dessen explosive Treibkraft jetzt die Maschine über demselben Land fliegen läßt, in dem sie einst mit ihrem Zeltkarren umherirrten.

Wir fliegen der sinkenden Sonne nach. Die Landschaft zeigt manchmal sonderbar einprägsam den Reiseweg der Pioniere. Der Kontinent, über den jetzt die große Maschine hinwegfliegt, war noch vor hundert Jahren beunruhigend leer. Da und dort lebten Menschen in Holzhäusern, einige Farmer, Goldgräber, wilde, harte Burschen. Auf Leben und Tod ging es bei dieser Landnahme, bei dem Vorstoß der westlichen Idee in den neuen Raum. Straßen und Brücken gab es kaum. Dagegen gab es Schluchten, erbitterte und grausame Indianer, wüste Steppen. Nicht nur Gold, Silber und Öl riefen die Pioniere herbei. Es war auch irgend etwas, was sie hinausschickte: das Sendungsbewußtsein des westlichen Menschen, die Aufgabe, daß man mit einer Zivilisation in der Welt vordringen, die Grenzlinie der Mission des westlichen Menschen nach Westen vorschieben mußte.

Wie weit gelangten sie in den hundert Jahren? Was baute westlicher Geist vom Atlantischen bis zum Stillen Ozean? Was ist in der großen Auseinandersetzung unserer Zeit das, was der Westen als Wirklichkeit, als Schöpfung aufweisen kann? In der großen Höhe über dem erschlossenen amerikanischen Raum, zwischen den Wolken wird diese Frage für den Reisenden lebendig und nimmt Gestalt an. Aber kann man so etwas »sehen«? Oder kann man es nur »erleben«?

Ohne Übergang bricht der Abend an. Auf der weiten Reise »fliegt« die Zeit im wahrsten Sinn des Wortes. Die Maschine – und die Erde – schweben von Osten her in den westlichen Raumbereich. Es gibt keine Dämmerung: Schon ist der Himmel schwarz und sternenleer. Aber zwischen Himmel und Erde schimmert am Horizont eine Art orangenfarbene Lichtsträhne. Dann verschwindet auch diese. Nach acht Stunden Flug meldet der Pilot, daß über San Francisco etwas Nebel liegt, der aber eine glatte Landung nicht behindert.

Abends gegen halb elf – meine Uhr zeigt noch New Yorker Zeit – beginnt im Dunkeln tief unten die erste Stadt Kaliforniens zu schimmern. Rote, blaue, grüne und gelbe Lichter flammen auf. Langsam kreist die Maschine über der Bucht, über San Francisco. Die Küste und die Stadt funkeln. Der Himmel ist voll von Sternen, silbergrau dämmert der Stille Ozean im Mondlicht.

Die große Maschine berührt den Boden so leicht wie eine Ballerina auf Zehenspitzen.

San Francisco

Das Hotel liegt an der Ecke einer steilen Straße, der Sutter Street. Sutter war jener berühmte Schweizer, der um 1850, als San Francisco und Kalifornien in den Besitz der Vereinigten Staaten kamen, im nahen Sacramento für die Yankees die Übergangzeit tätig organisierte – er schaltete in das locker-weiche spanisch-amerikanische Leben eine Art westlicher Lebensordnung ein. In den Jahren des Goldfiebers verlor er all seinen Besitz und starb im Elend.

Diese Hügel, von Erdbeben geschüttelt, schließen San Francisco gegen die Küste des Pazifiks sozusagen endgültig ab – von da aus konnte es nicht mehr horizontal wachsen wie die meisten anderen Städte Amerikas. Daher entwickelte es sich nicht waagerecht, sondern vertikal, nach innen hin. Die Stadt will mehr als sich räumlich ausdehnen. Das spürt man an allem.

Die Häuser haben hier mehr Ornamentik als in jeder anderen Stadt Amerikas. Sogar am Äußeren der Gebäude in den modernen Geschäftsvierteln spürt man etwas wie einen ornamentalen Ehrgeiz. Dieses nur auf Nützlichkeit gestellte Stadtbild aus Glas und Zement, das die heutigen amerikanischen Städte kennzeichnet, hat man hier noch nicht als endgültig angenommen.

An jeder Straßenecke gibt es Blumenhändler. Sie bieten Mimosen an, wuschelig-gelbe Mimosenzweige wie in

Neapel, dann aber auch Veilchen im Februar wie an der italienischen und französischen Riviera.

In der Sutter Street zeigte ein Photograph in seinem Schaufenster Bilder von Hunderten Debütantinnen: junge Ladies der Stadt in Ballkleidern mit Krinoline, im aufgeputzten Prunk des ersten Balls. Vor hundert Jahren lebten in dieser Stadt größtenteils nur Abenteurer. Frauen gab es kaum. Kam ein Schiff mit weiblichen Reisenden an – von Zeit zu Zeit gab es Frauen, die in Gruppen von den Küsten des Mittelmeers nach den Westküsten des fernen Kontinents reisten, von wo die Nachricht gekommen war, daß die Goldgräber ihre weiblichen Gäste mit Goldstaub bepuderten –, dann liefen die Leute auf die Straße und bestaunten und zeigten einander die Urgroßmütter der Debütantinnen.

Am Market, der breiten Geschäftsstraße, befindet sich das indische Reisebüro. Im Schaufenster sieht man Großphotos von Nehru und Gandhi: Gandhi in seiner kleinen weißen Hose lädt freundlich die Touristen nach Indien ein.

Auf einem Gipfel der umliegenden Flügel erstreckt sich ein großer Park, der Golden Gate Park. Es ist eine künstliche Gartenanlage, Pflanzen und Bäume wurden erst hierhergeschafft. Die Bepflanzung riecht nach Meer. Landschaft, Farben und Töne des Gartens, Nuancen der Gewächse, Konturen der Bäume sind sonderbar »anders« – nicht östlich, sondern westlich. Dieses »anders« ist mit Worten schwer auszudrücken, aber an der Farbe, dem Duft und den Linien spürbar. Das ist westliche Landschaft. Im Park befindet sich ein japanisches Teehaus. Geishas in Kimonos reichen Jasmintee und knuspriges Mandelgebäck. Der Tee duftet, das aus

Rottannen erbaute kleine Teehaus duftet auch. Die Luft ist frisch und wohlriechend.

An einer Biegung des Spazierwegs, der von Platanen und Eukalyptus gesäumt wird, leuchtet in den Park das Bild des Stillen Ozeans herüber. Die Goldschleier des Dämmerlichts schweben über dem Urelement. Er ist wirklich still. – Er ist, atmet, bewegt sich, er streckt sich anders als der ewig brausende und schäumende Atlantische Ozean. Die Golden Gate Bridge, die längste Kettenbrücke der Welt, dieses filigranartige Wesen aus rotem Metall, schwingt langsam im graugoldenen Licht über dem Meerbusen. Das Bild ist mondän, es erinnert an keine andere Landschaft. Gleichzeitig ist es aber auch elegant im übernatürlichen Sinn des Wortes.

An den Hängen der Hügel liegen freundlich bunte Wohnviertel mit Häusern in Pastellfarben. Bewohner und Architekten wagen hier noch den Luxus der Ornamentik, aber in den einzelnen Straßen wagt man es nicht mehr, sich von den unmittelbaren Nachbarn zu unterscheiden.

Der Chauffeur sagt, daß, wenn ein Haustypus mit eigenwilliger Fassade und Vorplatz entsteht, der sich in seinem Äußeren von den Häusern der Nachbarstraße unterscheidet, die Nachbarn reihenweise haargenau die gleichen Häuser bauen; sie wagen es nicht, voneinander abzuweichen. Nur in der Nachbarstraße darf man »anders« sein.

In zwei Theatern – einem Kammerspielhaus und einem großen Theaterbau, der vermietet wird – spielen Wandergesellschaften Schauspiele von Arthur Miller und Tennessee Williams. In der Stadt mit ihren 800 000 Einwohnern kann – wie in anderen großen Provinzstädten

Amerikas – eine gute Wandertruppe höchstens eine Woche lang ein Erfolgsstück bieten: Dann muß man das Stück oder die Stadt wechseln, zu mehr reicht das örtliche Publikum nicht.

Unterwegs das Hemd zu wechseln kann manchmal eine beschwerliche Angelegenheit sein. Aber den Ozean zu wechseln ist erschöpfend. Wer von der Küste des Atlantischen Ozeans binnen weniger Stunden zu den Ufern des Stillen Ozeans fliegt, ermüdet unterwegs in merkwürdiger Weise. In San Francisco mußte ich mich am ersten Tag von Zeit zu Zeit auf eine Straßenbank setzen.

Nob Hill, Telegraph Hill, diese ansteigenden Wohnviertel und Siedlungen an den Hügelhängen, führen ein bewegtes Leben. Noch jetzt klettert die berühmte alte Elektrische trotz unserer Zeit rasender Autobusse keuchend zum Gipfel hinauf, wo Schaffner und Reisende das altersschwache Gestell um die Wette schieben und ziehen. Sie ist der Stolz des Viertels. Die baufällige alte Trambahn gilt hier als das Vornehme, die Patina.

In der Innenstadt finde ich eine Buchhandlung von der Größe, wie ich sie bisher nur in New York gesehen habe, daneben gibt es allerlei Luxusgeschäfte, auch japanische und chinesische, mit pomphafter Ware und Raritäten. Vor einem Jahrhundert gab es in dieser Stadt alles in allem zweihundert kistenartige Buden – damals wurde sie San Francisco getauft – mit 800 Einwohnern. Jetzt sind es 800 000. Die erste transkontinentale Eisenbahn, gezogen von einer holzgeheizten, paffenden Lokomotive, schnaufte vor mehr als neunzig Jahren, 1869, in den hiesigen Bahnhof hinein. Inzwischen wurde die Stadt sechsmal durch Erdbeben zerstört – 1906 waren es Todestage, ähnlich wie einst in Pompeji –, und was die Elemente nicht zerstörten, das raubten und vernichteten Feuer von Menschenhand und Freibeutern.

Aber mit unglaublicher Lebenskraft kam San Francisco immer wieder binnen weniger Jahre aus den Katastrophen zu sich. Und immer entwickelte sie sich, vertikal, ihr Ziel war nicht auseinanderfließende Flachheit, sie wollte nicht *mehr* sein, sondern etwas Besonderes. Darum ist sie eine elegante Stadt. An San Francisco ist etwas Dandymäßiges, aber der Dandy ist in einer großen Gemeinschaft nicht nur Manier, sondern auch Anspruch.

Da ist die Mission Dolores. Gegründet wurde sie fünf Tage vor der Verkündigung der Unabhängigkeitserklärung im Jahre 1776. Auch Zahlen haben hier einen anderen Sinn. Dieses Datum bedeutet für Amerika uralte Vergangenheit. Padre Serra, der Gründer der kalifornischen Missionen, dieser geniale Franziskaner, suchte hier an dem Hügel diesen Platz für Kirche und Kloster an der kalifornischen Ozeanküste aus. Er tat das mit einem Landschaftsgefühl und mit einem Sinn für die strategischen, politischen und wirtschaftlichen Vorbedingungen, wie er bei den damaligen Verkehrsverhältnissen und Informationsmöglichkeiten kaum zu verstehen ist. Auf einem Hügel der Stadt ist eine Kirche spanischen Stils: Die Bedachung wurde aus Stangen von Rotfichten gebaut. Indianer halfen die Kirche erbauen und bemalten die Bedachung. Aber die Indianer Kaliforniens blieben in ihrer Kultur eigenartig hinter den Indios von Mexiko, den Azteken, den Tolteken und den Mayas zurück. Die

Erziehung der Padres verlieh ihren künstlerischen Neigungen keinen Aufschwung.

Im Klosterhof sieht man Palmen, Zypressen und alte Grabstätten spanischer und mexikanischer Familien. Im Garten herrscht starker Duft, der feuchte Treibhausduft von Mimosen und Tujabäumen. In einem kleinen Museum werden primitive Gebrauchsgegenstände aus der Missionszeit gezeigt. Dieses Missionsleben war ein harter männlicher Dienst auch hier: Die Mönche beteten nicht nur den Rosenkranz, sondern sie kneteten auch Brot und sägten, bohrten und schnitzten Holz, sie verstanden sich auf allerlei Handwerk.

Aber auf die Indianer, ihre Helfer, verstanden sie sich nicht. An der Bekehrung sind viele Indianer gestorben: Sie konnten das andersgeartete Leben nicht vertragen.

Diese Franziskanerkirche an der Küste des Stillen Ozeans bewahrte den Geschmack, den Stil und die Lebensform Siziliens und Sevillas – die Padres brachten einen Baustil mit, wie ihn die Welt der Azteken und der nomadischen Indianer Kaliforniens vorher nicht gekannt hatte. Vor allem waren es spanische Mönche, die hierherkamen, Italiener gab es unter ihnen nur wenige. Gleichwohl ist die Atmosphäre des Klosters und der Kirche in sonderbarer Weise eher italienisch als spanisch.

Diese Kunst hat viele Kritiker gefunden. Aus dem Nichts, in der Wildnis schufen hier die Mönche vor kaum zweihundert Jahren eine neue Wirklichkeit. Sie brachten eine Kultur mit ihrer Atmosphäre, ihrer Stimmung, ihrem Gebrauchsgerät. Das Lateinertum brachte die grausame Hemmungslosigkeit der Konquistadoren, aber auch eine Lebensform voll Schönheit und Vornehmheit – es war über die Goldgier und Eroberungssucht hinaus eine Art Missionsbewußtsein im wahren Sinn des Wortes.

Dennoch war diese spanisch-katholische Welt weich und amorph. Die Yankees kamen ein Jahrhundert nach den spanischen Missionspriestern an und organisierten in kurzer Zeit etwas, was heute Kalifornien ist. Was schön ist, das ist auch heute spanisch. Was stark und tätig ist, das ist amerikanisch.

Auf einem Aussichtspunkt an der Ozeanküste, im Cliffhouse: Auf hohem Fels liegt der ausgedehnte Basar, von dessen Terrasse aus man weit blicken kann. In dem Basar am Stillen Ozean verkauft man an Touristen folkloristischen indianischen Plunder und getrocknete Meerwurzeln, die Alraunen ähneln. Gegenüber liegt auf einer Insel das berühmte Gefängnis, der Alcatraz, für »unverbesserliche« Verbrecher – Gefängniswärter sind die um die Insel kreisenden Haie. Hier ist der Ozean nahe am Gestade schäumend und dunkelgrün. Auf den Felsen sieht man viele exotische Wasservögel. Vornehm schwebt die Golden Gate Bridge in der Dämmerung über dem Ozean.

Sonntag. Am Morgen fahre ich mit einem Autobus in den Lincoln Park auf einem der Hügel. Es herrscht ein kaltes Licht bei Sonnenschein. Der Rasen ist tiefgrün, man spielt Golf. Auch hier ist die Pflanzenwelt wie im Golden Gate Park: vielgestaltig und überernährt – Eukalyptus, Magnolien, mächtige Tannen sind im dunstreichen Hauch des Ozeans geschwollen und fleischig dick. Die Grundfarbe der Gewächse ist tiefer, dunkler als im

Osten. Im Park steht ein Museumsbau, eine Kopie des Palastes der Ehrenlegion in Paris. Im Vorraum des säulengeschmückten Eingangs wurde ein Bronzeabguß des »Denkers« von Rodin aufgestellt. Tiefe Stille herrscht um das Bildwerk. Zwischen zwei riesigen Tannen leuchtet fern der Stille Ozean.

In dem vom Ozean und der Sierra Nevada umglänzten Küstenstrich wurde in der Lebenszeit dreier Generationen diese merkwürdige Stadt erbaut mit ihren Palästen, ihrem Hafen, ihren pastellfarbenen Gartenhausvierteln, ihren unwahrscheinlich langen Brücken – immer zwischen zwei Erdbeben, immer fern den großen Weltanschauungsströmungen von Ost und West, aber im Geiste gleichwohl nahe jener eigenartigen westlichen Kraft, die aus dem Nichts zu schöpfen vermag.

Was ist diese Kraft? Es ist die Unruhe der Mission, die in diese Stadt von Mönchen aus dem Osten gebracht wurde, die abwechselnd die Axt und die Bibel schwangen; dann kamen die goldsuchenden Abenteurer und Bauern, die den Acker, das Klima witterten. Und in ihren Spuren kamen Gelehrte, Schriftsteller, Kaufleute immer von neuem, immer mehr. Die spanischen Mönche und die gierigen Goldjäger verschwanden aus dem Stadtbild. Aber San Francisco blieb und wurde nach jeder Naturkatastrophe strahlender und lebendiger. Die Landschaft, die der »Denker« aus seiner Höhe sieht, sagt etwas aus. Sie sagt aus, daß man auch unter sehr schweren Vorbedingungen, inmitten wiederholter Schicksalsschläge Schöpfungen hervorbringen kann. Aus einem Karawanserail kann man mit Kraft, Heimweh, Phantasie und eiskaltem Willen binnen weniger Jahrzehnte am Fuß der Sierra Nevada, an der Küste des Stillen Ozeans eine westliche Stadt aufbauen, mit demselben Willen, mit dem Rodin seinen »Denker« schuf.

Aber Rodins Plastik wirkt hier, über dem Stillen Ozean auf dem Gipfel, merkwürdig einsam. Diese Bronzefigur ist eine Verkörperung der europäischen Idee – an einer Schwelle, wo sich die Idee des Westens berührt mit der Perspektive eines anderen Weltteils und Weltbildes. Es gibt solche Schwellen in der Welt. Hier ist eine davon.

Im Museum herrscht wüstenartige Einsamkeit. In den Sälen sieht man einige Sonntagsbummler. An den Wänden hängen hier und da ein einsamer Tintoretto, Guardi, ein schöner El Greco – »Sankt Petrus« –, Frans Hals oder Rembrandt. Diese Bilder kamen genau wie die Skulptur Rodins aus einer räumlichen, zeitlichen und kulturellen Ferne hierher. Sie kamen und sind jetzt einsam: Sie frösteln, wie jeder in dem wechselvollen Augenblick, wenn er an die Schwelle kommt, wo sich die Anschauungen von Ost und West berühren und kalte Funken sprühen.

Im Kellergeschoß finden sich japanische Knochenschnitzereien, dieses nervöse, etwas spöttische Kunstgewerbe. Aber diese feinen geschnitzten Ungeheuerfratzen sind hier heimischer als die Gestalten eines Rodin und Tintoretto. An der Grenze der westlichen Welt tritt diese japanische Kunst bereits ganz natürlich aus dem östlichen Raum heraus.

Als ich auf den Autobus warte, plaudere ich mit einer Negerin. Offiziell gibt es hier keine Segregation und verhältnismäßig wenige Neger – die Farbigen leben hier in einem ähnlichen Status wie in New York. Wahrscheinlich gibt es auch hier ein Harlem, nur spricht man nicht davon. Inmitten des Gesprächs zeigt die Frau in plötzlicher Erregung auf die kleinen bunten Einfamilienhäuser in den nahen Straßen und sagt zischend voller Haß: »Ich werde hier nie ein Haus haben.«

In den Gassen finden sich viele japanische und chinesische Zeichen und Aufschriften. Die Straßenlampen sind spitz und geziert wie diejenigen der chinesischen Pagoden. Die abendliche Gasse strahlend. Man sieht gelbe Bummler aller Sorten, Chinesen und Japaner, dazu noch Mexikaner, die sich hier nicht absondern, sondern unbedingt einordnen wollen. Caféhäuser mit Terrassen nach der Straße gibt es hier nicht – vielleicht ist auch das ein Überbleibsel des Versteckspiels in der Prohibitionszeit wie das andere: daß man Schnaps und Wein hier auch in Apotheken kauft.

Mit einem Wagen fahre ich über die längste Brücke der Welt, die Oakland Bay Bridge. Die Brücke führt über die Bucht, die die Halbinsel vom Kontinent trennt. Oakland ist ein großes Industriegebiet. Hier lebte Jack London einsam und arm. Hinter dem Industrieviertel stößt man auf die Gebäudegruppen der kalifornischen Universität, dann auf die Villenviertel von Berkeley mit ihrem herausfordernden Luxus, ihren Wohnhäusern mit Schwimmbad. Die Erhaltung dieser Häuser kann man sich schwer ohne Personal vorstellen. Aber wer hat genug Geld, um sich ein ständiges einheimisches Personal zu halten? Wer reinigt und betreut diese Häuser mit den vielen Zimmern? Um die Häuser liegen sorgsam gepflegte Gärten mit schreiend bunten Blumen. Wer pflegt diese Gärten? Unterwegs macht mich der Chauffeur ständig darauf aufmerksam, daß diese oder jene Villa achtzigtausend Dollar gekostet hat und Besitz eines Agenten

21

von Ford oder Chevrolet ist. Die Amerikaner bemessen alles nach Zahlen, Wert ist nur, was sich in Zahlen ausdrücken läßt.

Den Tee nehme ich in einem Luxushotel nahe der Universität von Berkeley. Diese hat hier und längs der kalifornischen Küste mehrere Institute. Etwa 40 000 Studenten lernen hier. Hearst, der Zeitungsnabob, und noch viele andere Privatleute brachten die Mittel für den Bau der Universität auf. Am respektvollen Ton des Chauffeurs spürt man, daß noch immer in Amerika derjenige mehr geschätzt wird, der etwas mit Nutzen verkauft, als derjenige, der das erfindet und schafft, was dann ein anderer verkauft.

Autos wimmeln wie Bienen im Bienenkorb. Die elf Millionen Einwohner Kaliforniens halten fünf Millionen Kraftwagen in Betrieb. Vor den Universitätsbauten stehen Privatwagen zu Tausenden, vor den Privathäusern manchmal zwei oder drei für die Familienmitglieder. Kann man in solchem Überfluß und Komfort wirklich mit Kraftanspannung lernen?

Abends in Fisherman's Wharf, im Hafen. In großen Körben bietet man Meerspinnen feil oder kocht sie im Kessel. In Zeitungspapier gewickelt, nehmen die Passanten die warmen Krustazeen mit und essen im Gehen das feine weiche Fleisch. Lateinische, französische, spanische, italienische Fröhlichkeit, Behaglichkeit herrscht in den kleinen Gasthäusern beim Knabbern. Die Menschen tragen hier eine Art Gelöstheit an sich – hypokritische Starrheit ist dort eine seltene Erscheinung. Man genießt den bunten Reichtum der Natur und die Gastlichkeit des milden, dunstfreien Klimas. In einer italienischen Kneipe, in der »Grotto«, esse ich zu Abend –

man bietet ausgezeichnete, schmackhafte Fischgerichte. In der Tür stehen die Gäste Schlange und warten geduldig, bis sie eintreten und zu ihrem täglichen Stück Meerkrebs kommen ... Aber Wein wird wenig getrunken, auch hier zieht man Schnaps vor. Essen kann man hier bereits, trinken noch nicht.

Abends leuchtet der Aussichtsturm von Telegraph Hill. In der Umgebung dieses Hügels versammelt sich in einigen Gasthäusern oder Teestuben die Boheme von San Francisco. Ihr Führer ist der Schriftsteller Kerouac, die Gruppe eine Art Montparnasse von San Francisco. Wesentliches hat sie nicht geschaffen, aber dafür einigen Staub um sich aufgewirbelt. Geistiges Partisanentum fällt trotz regionaler Organisation immer auseinander. In diesem großen Land gibt es geistig keine Hauptstadt. Washington ist politischer und administrativer Mittelpunkt ohne eine Spur von geistigem Zusammenspiel, New York ist nichts anderes als ein großer »market«, ein literarischer Teppichladen. Aber was in New York ausgesagt wird, hat keinen geistigen Kredit, denn dort kaufen und verkaufen nur flinkhändige und flinkdenkende Menschen geistige Warenartikel. Wenn ein Land keine geistige Hauptstadt hat – wie es einstmals Berlin war und heute noch Paris ist –, dann bemächtigt sich ein arroganter Provinzialismus der gelegentlichen regionalen Parnasse. Diese »zornigen jungen Männer« ärgern sich hier, auf dem Hügel an der Küste des Stillen Ozeans, und machen aus der geistigen Unzufriedenheit einer Nation Schulen und Geschäfte. Diese Erscheinung ist provinziell, auch dann, wenn der Stille Ozean den Hintergrund dazu bietet.

Nachts in China Town. Nahe meinem Hotel steigt die Grand Street den Hügel hinan – hier beginnt die geheimnisvolle gelbe Gemeinschaft, die sich mit den zigeunerhaften Chinavierteln von New York, Los Angeles oder London nicht vergleichen läßt. Wie viele sind es? Genau kann man das nicht wissen. Amtlich sind in San Francisco etwa 30 000 Chinesen registriert. Aber in Wahrheit kennt keiner die genauen Zahlen, weil täglich im Hafen Chinesen ankommen und abfahren. Kürzlich verhaftete man das Haupt einer Gesellschaft von Menschenschmugglern, die in den letzten Jahren zweihundert gelbe Familienmitglieder aus China über Hongkong ohne Visum und Paß hierhergebracht hat.

Nach China und Formosa ist China Town die größte einheitliche chinesische Gemeinschaft der Welt. Die Gasse ist steil und schreiend bunt. Die Fassaden der Häuser sind wie Opernkulissen mit Pagoden geschmückt, an die Ziegelbauten wurden Erker wie Schwalbennester, spitze Dächer, bunte orientalische Ornamente angeklebt. Drachen, Dämonen, Papiertiger grinsen von den Maueranschlägen. An den Häuserwänden finden sich chinesische Buchstaben. Das Viertel hat eine eigene chinesische Telephonzentrale.

Um Mitternacht sind die Gassen laut. Alle Geschäfte sind offen: die Apotheke, wo man zugleich Penicillin und Drachenzähne verkauft, die Gasthäuser, wo man zugleich Schwalbennestersuppe, Bambusgemüse und Schweinekotelett serviert; Gewürzkrämer mit geheimnisvollen fernöstlichen Gewürzen in Dosen mit chinesischen Buchstaben in den Schaufenstern. Chinesisch gedruckte Zeitungen, die Verkäufer unter lautem Geschrei an allen Straßenecken verkaufen. All das spielt sich laut, hochmütig chinesisch abgesondert ab. Es gibt keine Minderheitskomplexe. An der Ecke einer Straße steht ein weißgekalkter chinesischer Tempel, in dem auch zur Mitternacht flinke Menschen ein und aus gehen.

Diese flinken Menschen sind loyale amerikanische Staatsbürger. Gleichzeitig sind sie aber in der Tiefe unabänderlich Chinesen – nicht nur nach der Hautfarbe, sondern auch in ihrem Gefühl. Alles, was sie umgibt, ist überlegen abgegrenzt. Der Chinese von San Francisco hat das Gefühl, daß er hier etwas aufgebaut hat, was im Westen nicht seinesgleichen hat: ein unverfälschtes, hochmütiges China als Stadtviertel. Sie wollen sich nicht vermischen, yankeesieren. Sie sind stolz, denn sie glauben, hier, in den Winkelgassen von San Francisco, endigt irgendwo die Große Mauer, die dereinst den Osten vom Westen trennte.

Es sind verläßliche und ausgezeichnete Handwerker und Kaufleute. Aber innerhalb ihrer gelben Grenzfeste leben sie nach innen hinein, nach eigenem Gesetz, mit unsichtbaren, aber funktionierenden Gerichtsorganen, ja sogar mit eigenen Urteilsvollstreckern. Die amerikanischen Behörden können nicht in diesen gelben Termitenhaufen hineingreifen. Geschäft, Erziehung, Familienleben, Rechtssystem – alles ist hier mitten in San Francisco unabhängig von dem amerikanischen Leben der Umgebung. Das Ritual ihrer flinken Lebensweise ist merkwürdig anders geartet. Und alles geschieht in absoluter Stille. Amtlich hat man mit ihnen wenig Ärger. Prozeßangelegenheiten, ja sogar Gerichtsurteile erledigen sie nicht selten untereinander, ohne Geräusch, unsichtbar.

Diese wenigen Häuserblocks sind eine westliche Zentrale des großen Schmuggels mit Opium und allen Arten von Betäubungsmitteln. Die Geschäftspartner leben in dem anderen großen westlichen Hafen, dem benachbarten Los Angeles. Täglich kommen in diesen beiden Häfen Schiffe aus dem Fernen Osten an und bringen die verbotene Ware. Die Polizei weiß das. Manchmal schlägt sie auch zu. Aber auf Sand kann man nicht schlagen, denn er stäubt auseinander und nimmt gleich wieder neue Formen an.

Die große chinesische Gemeinde in der westlichsten Stadt ist ein ausgezeichneter Beobachtungsplatz. Die Gelben, die hier leben, achten auf Nachrichten, die aus Peking und Tokio eintreffen, gieriger als auf Meldungen aus New York oder London. Sie lauschen und blicken nach dem großen fernöstlichen Raum, wo in diesen Jahren etwas Gestalt annimmt, sich vielleicht sogar entscheidet, was nicht nur für sie, für die chinesische Kolonie im Westen, wichtig ist. Sie achten darauf, was jetzt in China vorgeht, aber auch darauf, was in Indien heranreift – überall wo Farbige leben.

Die Chinesen von San Francisco horchen von dem Hügel am Westufer des Stillen Ozeans weit hinaus. Sie sind Augenzeugen dessen, daß alles, was jetzt in Rotchina geschieht, lediglich eine Spielart der Methoden und Möglichkeiten ist. Sie sind Augenzeugen dafür, daß es auch andere Methoden gibt – die Methoden der Demokratie und der freien Wirtschaft –, mit denen binnen kurzer Zeit in wirtschaftlich völlig zurückgebliebenen Gebieten für die Massen Arbeitsmöglichkeiten und gemeinsamer Wohlstand geschaffen werden können. Sie sind Beobachter, sie stellen Vergleiche an: Sie horchen nach Osten und Westen, und sie sehen oder wissen aus unmittelbaren Berichten, was das kommunistische Experiment und das System der freien Wirtschaft zu schaffen vermögen. Der Extrakt dieser Erfahrung nahm im Selbstbewußtsein der farbigen Völker Form und Gestalt an: in dem großen Prozeß unseres Jahrhunderts wird sie gleichbedeutend sein mit der endgültigen Entscheidung über die neue Lebensform der farbigen Massen, also von zwei Dritteln der Menschheit.

In dem Gasthaus, wo ich zur Mitternacht Tee trinke, essen arme Chinesen mit ihren Stäbchen Schweinefleisch und hart gesottenen Reis aus henkellosen Schalen. Die Eigentümerin, ein dickes geschminktes Weib, geht in dem schmutzigen Lokal auf und ab. Diese aufgeputzte Chinesin interessiert ein Klatsch aus Nanking mehr als einer aus Washington. Alle sitzen sie auf der Schwelle, an der bereits ihre Welt beginnt, die Welt der Farbigen. Klatsch, Benachrichtigungen, geheime und unsichtbare Botschaften und Augenzwinkern tragen und bringen hier Nachrichten von Osten nach Westen und zurück. Es kann sein, daß der Kuli, der aus dem Gesellschafts- und Wirtschaftssystem des patriarchalen Stammesfeudalismus hinausgewachsen und in das System des chinesischen Kommunismus übergesiedelt ist, mit allen Methoden der Gehirnwäsche und Dressur von Maos Leuten bekehrt, nicht an die Ideen der westlichen Welt glaubt und diesen Ideenkreis für die eigenen bunten fernöstlichen Probleme nicht als Lösung ansieht. Aber seinen chinesischen Verwandten in San Francisco glaubt er vielleicht doch.

Highway No. 1

Start am frühen Morgen. Die Reiseroute führt mit dem Wagen an der Ozeanküste entlang nach San Diego und dann weiter nach Mexiko. Die Straße von San Francisco bis zur Grenze Mexikos ist sechshundert Kilometer lang.

In der Stunde der Abfahrt wirkt der tägliche Morgennebel am Ufer der Bucht erstickend. Der Wagen fährt im Schritt. Das kleine Transistorradio, das ich mitgenommen hatte, meldet unterwegs, wie viele Menschen auf dieser Straße, in diesem Nebel, in dieser Stunde durch Autounfälle umgekommen sind.

Eine Ortschaft namens Palo Alto Farm ist die erste Haltestelle. Sie war Besitz eines Kaliforniers namens Leland Stanford, der zum Gedenken seines verstorbenen Sohnes eine Universität gründete. Ihr hinterließ er dreißig Millionen harte Dollar und die große Farm. Um 1880 wurden die ersten Hörsäle gebaut.

Der Universitätsunterricht in Kalifornien spielt sich in verstreuten Siedlungen ab. Vor hundert Jahren begannen Missionare die Erziehung in der Wildnis. Heute erzieht derselbe Missionsgeist an der Küste – in Berkeley, in Palo Alto, in Santa Barbara, in Los Angeles und San Diego – Zehntausende von Studenten. Ende des vorigen Jahrhunderts halfen reiche amerikanische Privatleute diese Universität erbauen. Leland Stanford senior war Gouverneur von Kalifornien und Senator.

Inmitten des Campus steht ein großer Kirchenbau in maurisch-romanischem Stil wie überall in dieser Gegend die Missionsklöster und Kirchen. Hinter der maurisch-romanischen Fassade zeigt die Kirche moderne Schnörkel. Die bunten Glasfenster, die Erinnerungstafeln für die verstorbenen Familienmitglieder der Stanfords, die in Stein gehauenen frommen Sprüche sind andachtsvoll-protzig. Aber in dieser aufwendigen Pietät liegt eine gewisse Großzügigkeit. Sie ist nicht geschmackvoll, aber ehrlich freigebig.

Kirche, Bibliothek, Fakultätsgebäude, alle sind sie außerordentlich reich und herausfordernd verschwenderisch. Diese laizistische Spielart des alten Missionsgeistes will nicht mehr Pioniere erziehen, sondern Fachleute, die im Geiste des Profits in der Welt ihre zivilisatorische Mission fortsetzen. Alles wird noch heute durch freiwillige Stiftungen unterhalten. Die kleine ländliche Universität hat achttausend Studenten. Hier ein Satz aus der Stiftungsurkunde: »... sie mögen lernen, wie segensreich die Freiheit ist, die durch das Gesetz geregelt wird.«

Zurück zur Ozeanküste. Der Nebel lichtet sich. Diese Straße ist Nachfolgerin von »El Camino Real« – eine historische Straße. Die ersten spanischen Missionare und ihre Gefährten, Soldaten und Abenteurer, zogen auf ihr barfüßig oder in Stiefeln den Jesuiten und Dominikanern nach. In der zweiten Hälfte des achtzehnten Jahrhunderts wanderte auf dieser Straße Padre Serra, der Franziskaner und Gründer der Missionen an der Küste. Er muß ein außergewöhnlicher Mensch gewesen sein, mit einem Instinkt für Strategie und Verwaltung, wenn er so in der Küstenlandschaft Kaliforniens die Plätze bestimmte, wo dann die Missionen gebaut wurden. Er hatte zugleich den Blick eines Feldherrn und den eines Ingenieurs. Jetzt heißt die lange Straße Highway No. 1. Den Teil, den wir befahren, hat zum erstenmal im Jahr 1879 ein Mann namens Dr. Roberts abgeschritten: Er glaubte, daß man hier für fünfzigtausend Dollar an der Ozeanküste eine Straße von Monterey bis San Luis Obispo bauen könne, und suchte mit allen Mitteln dafür Interesse zu wecken. Aber die natürlichen Hindernisse waren zu groß.

Schließlich wurde die Straße 1937 doch gebaut, für zehn Millionen Dollar und mit vielen Menschenopfern, weil der Ozean und herabstürzende Felsen gefährliche Feinde waren.

Aber jetzt ist hier die Straße ... nicht nur hier, sondern überall in dem großen Reich mit vielen hunderttausend Kilometern. Wenn der Wanderer sich im amerikanischen Raum auf Reisen begibt, ist er verblüfft, denn es ist wirklich schwer zu verstehen, mit welcher Kraft, mit wie primitiven Mitteln die hierher verschlagenen Europäer diesen Erdteil in Besitz genommen haben. Diese straßenbauende Landnahme ist ein vergilisches Kapitel des Heldenepos Amerikas. Auch in Europa gibt es erstklassige Straßen, aber dort begann der Straßenbau schließlich vor mehr als zweitausend Jahren mit der Via Appia. Dieses unabsehbare und vollkommene Straßennetz zauberte Menschenwille binnen weniger Jahrzehnte aus Wildnis und Wüste. Die Straße, auf der wir jetzt fahren, diese Serpentinen an der pazifischen Küste, entstanden mehr aus einem Luxustrieb als aus Nützlichkeitsgesichtspunkten. In mehreren Stunden begegnen wir ganzen vier Personenwagen – inmitten des wogenden

Autoverkehrs hier ist diese leere Luxusstraße eine seltene Erscheinung.

Plötzlich windet sich die Straße von der Ozeanküste auf hohe Berge hinauf. Das ist das Yosemite-Gebirge mit seinen Wasserfällen, kahlen Felsen und Nadelwäldern. Die Sonne scheint, der Nebel hat sich verzogen.

Im Henry Cowell Redwood State Park herrscht Kirchenstille. In den Wald führt eine schmale, mit Tannenzapfen und Nadeln bedeckte Straße. Die Landschaft ist von der Sonne erwärmt, aber der Wind ist eisig und macht frösteln. Es ist die Heimat der riesenhaften Mammutbäume.

Die großen Bäume am Rand der schmalen Straße sind numeriert ... Warum wohl? Vermutlich nicht dazu, daß man sie finden kann, wenn einer sich nächtlich in der Wildnis aus dem Staube gemacht hätte. »Big Shell«, »Mother and Daughter«, »Neck Breaker« – solche Namen tragen die Baumriesen. Im Durchschnitt sind sie achtzig bis hundert Meter hoch, ihr Umfang beträgt zwanzig bis dreißig Meter. In diesem Naturschutzgebiet stehen 145 solche Bäume, alle numeriert und mit Namen beschriftet.

Diese Baumkathedralen sind zeitlos. Manche halten sie für tausendjährig oder noch älter. Unverständlich ist es, wie sie sich hier auf dem Gipfel des Berges in den schweren Stürmen halten konnten, warum der Wind, der über den Pazifik und die Sierra Nevada dahinbraust, die einzelstehenden Stämme nicht umgerissen hat. Ihre Wurzeln mögen sich in dem weichen, buschigen Humus außerordentlich tief verzweigen. Ihre Belaubung ist nicht üppig, nur in der Höhe tragen sie eine Art Wollperücke.

Der Riesenbaum, die Sequoia Gigantea, gedeiht nur in dieser Gegend zwischen San Francisco und Santa Barbara, etwa zwanzig Meilen von der Küste entfernt. Was mochte wohl das Gedeihen dieses einzigartigen Pflanzenphänomens hier verursacht haben? Möglich, daß der Humus ein besonderes Ferment birgt.

Die Baumriesen beschwören die mythische Erinnerung an vorsintflutliche Naturzustände herauf, die Epoche der Rieseneidechsen und Mammutreptilien, als die Natur noch mit beiden Händen in der großen Werkstatt verschwenderisch herumpanschte – sie wollte nur das Große, das Form- und Zeitlose. Diese Bäume haben ihre Entwicklungsperiode erlebt, als auch die Tiere andere Ausmaße hatten. Die Natur hat hier und in noch einigen anderen State Parks Kaliforniens diese Anfangsmodelle zurückgelassen. Es gab eine Zeit, wo das Material nicht zählte, die Zeit des unbeschränkten, frohen, hochmütigen Wucherns. Die Kleinplastik interessierte damals die Natur nicht … Was können wir freilich davon wissen? Die großen Bäume sind hier verblieben als eine Ausnahme. Sie leben, sie sprossen in diesem lebenden Museum auf dem Bergesgipfel in Kälte und Licht weiter, sie saugen aus der Luft ihren Stickstoff, sie wachsen noch immer wie in den vergangenen tausend Jahren. Sie haben Zeit, sie schreiten aus dem Mythos in die Gegenwart hinein.

Es geht bergabwärts zurück zur Ozeanküste auf dem kurvenreichen Straßenabschnitt von El Camino Real. An der Straße befindet sich das erste Weinlokal, dann aber auch die überall an den kalifornischen Straßen stehenden Obststände, Buden, wo man frisch geerntete Avocados,

Apfelsinen und Zitronen feilbietet, auch Reineclauden, Äpfel, Birnen und Feigen aller Art. Der Reichtum wetteifert mit den Obstständen in der Landschaft Neapels und der Campagna. Die Bäume am Straßenrand, Eukalyptus und Magnolien sind von anderer Gestalt als im Norden und Osten – irgendwie »anthropomorpher« – wie in Italien der Feigenbaum.

Über Santa Cruz weiter an der pazifischen Küste. Die Sonne brennt. Der Ozean ist ruhig, wie Quecksilber flimmert der Urkörper im Licht. Die Küste ist felsig und wild-romantisch, sie erinnert an die pathetischen Uferlandschaften der italienischen Riviera bei Rapallo. Aber die Flora ist anders, üppiger, küstennäher, nicht so gezähmt wie in den Küstenlandschaften des Mittelmeers. Auch die Palmen sind wild, zäher, struppiger. Die Natur ist hier nicht so gebändigt wie in den meisten Landschaften Europas: Die Pflanzen müssen sich gegen die Elementarkräfte der Natur behaupten. Brausend wiegen sich die eigenartigen Bäume im Wind an der Küste des Ozeans. Die Mimosen frösteln wie bei Neapel im Januar, sie bestreuen die Straße mit den wollig-wuscheligen Büscheln ihres gelben Haarschmucks.

Monterey

Die kleine Stadt in der Bucht wirkt antik, sie hat historische Bedeutung. Vor hundert Jahren, als Kalifornien aus dem spanisch-mexikanischen Besitz in denjenigen der Yankees überwechselte, war dieser kleine Ort Hauptstadt. Hier wurde zum erstenmal die Flagge der Union gehißt.

Hier leben etwa zwanzigtausend Menschen. Die Siedlung am Ufer der Bucht mit ihren bunten Häusern, ihren lichten Gärten, dem mit Fischerkähnen und Jachten dichtbesetzten Hafen war in den vergangenen Jahrzehnten ein Anziehungspunkt für Schriftsteller und Künstler. Intellektuelle, die sich vor der kommerzialisierten Öde der amerikanischen Zivilisation flüchteten, die ganz schlauen »Eskapisten«, ließen sich hier nieder. Sie waren aus den großen Städten Kaliforniens hergekommen, aber auch von weiter her, sogar von New York, weil hier noch irgendeine Geborgenheit, Eigenheit, etwas wie atmosphärische Freiheit war. Das ist nun vorüber. Reiche Pensionäre nahmen die Stadt in Besitz, die Grundstücksspekulation stürzte sich auf die »historische Stimmung«. Gleichwohl strahlt das Städtchen auch heute noch so etwas wie spanische Art und Besonderheit aus.

Aber die amerikanische Geschichte läßt sich mit europäischen Zeiteinheiten nicht messen: Was hier hundertjährig ist, das ist schon alte, bemooste Geschichte. Im

34

Hafen steht das Zollhaus, wo die mexikanischen Behörden die Schmuggler untersuchten; dann das »erste Theater« in einem einstöckigen, kistenartigen Haus; und die zweite, ebenfalls Haus genannte Holzkiste, wo die Goldgräber zur Zeit des Goldfiebers ihre Beute, Goldstaub und gelbe Barren, aufbewahrten und die Redaktion der »ersten Zeitung« war. Das alles ist jetzt graue Vergangenheit hier, wo es eigentlich noch keine Vergangenheit gibt.

Im Hafen liegen Fischerkähne mit Glasboden. Die Fischer beobachten durch sie hindurch die Wunder des Meeresgrundes. Die Luft kann man förmlich beißen und kauen. Sie ist rein und wohlschmeckend wie ein sprudelndes Eisgetränk. Nach dem dunstigen Klima der Küste des Atlantischen Ozeans, das vom Dampf des Golfstroms bis zur Hitze einer Waschküche geheizt ist, wirkt diese Luft wie ein Glas Sekt auf nüchternen Magen.

Von Monterey geht es zu einer Künstlersiedlung und Sommerfrische namens Carmel. Die berühmten Sehenswürdigkeiten der »Siebzehn-Meilen-Straße« finden sich an jeder Kurve. Nahe dem Ufer sonnen sich im nachmittäglichen Sonnenschein Robben auf einem Felsen. Sie beschwören die Mißgestalten glattfelliger Urwesen herauf. An einer Kurve braust die berühmte Doppelwelle im Ozean auf: Der Wellenschlag kommt aus zwei Richtungen – wie oben im Norden am Ende der Insel Long Island, im Winkel von Montauk Point, jenes launenhafte Wellenspiel im Atlantischen Ozean. Baden ist hier lebensgefährlich, ständig ringen die beiden Wellen miteinander, stürzen sich aufeinander und sterben zusammen am Ufer, wie zwei Gladiatoren.

Die musterhafte Straße führt an exklusiven Klubs und Hotels vorbei. Vor einem dieser Gebäude im spanisch-maurischen Stil sitzen auf der Terrasse mit ihren weißen Säulen schweigende Menschen beim Tee und schauen den tiefgrünen Rasen an – das ist Del Monte Lodge, eines der heidnischen Klöster westlicher Empfindsamkeit. Einige Künstler und Schriftsteller, die sich zurückgezogen hatten, bauten sich hier eine Zuflucht. John Steinbeck, der aus dem nahen Salinas stammt, lebte hier in einem großen Haus inmitten eines bunten Gartens. Hier ist eine Bucht, auf deren Klippen am Strand Reihen von Pelikanen stehen, während im tiefgrünen Ozean Wale Springbrunnen spielen.

Carmel ist eine Art Capri an der pazifischen Küste. Spaniolische, maurisch-romanische Häuser mit Patios, feine Geschäfte mit mexikanischem Silber und Webwaren gibt es hier, auch etwas wie ein Terrassencafé, wo die hierher verschlagene Boheme bei Espresso und rotem kalifornischen Wein lebt, gekränkt und in ratloser Erwartung. An der Wand des Lokals hängen »abstrakte« Bilder. Diese Bilder – in Wirklichkeit Absurditäten – sind aus dem Bohemeviertel von New York, aus den Ateliers von Greenwich Village, hierher an die Küste des Stillen Ozeans emigriert. Heimatlos sind sie wie ihre Schöpfer – an der pazifischen Küste ist das »Abstrakte« besonders heimatlos wie alles und jedes, was nicht der behütende und schützende Dunstkreis des Konsensus einer Kultur umschließt.

Lümmel und Touristen haben bereits auch hier das romantisierende Künstleridyll gestört. Man weist auf die Künstler wie auf die Indianer in ihren Reservationen. Grausam folgt die Kommerzialisierung dem Künstler und geistig Schaffenden und enteignet die »Stimmung«. Es ist kalt. Zwischen Männern mit Baretten oder Bärten sitze ich im Caféhaus vor einem Kamin, der den duftenden Rauch eines Kienholzfeuers ausströmt. Große Einsamkeit umgibt jetzt überall in der Welt den Künstler. Wortlos sitzen wir da, trinken Wein und blicken in den Rauch des Kienholzes.

Der Ort wirkt völlig spanisch. Die Büsche und Sträucher der Patios riechen würzig. An einem Spazierweg stehen Bänke zum Gedenken an die Missionspriester. Die Missionskirche birgt das Grab Padre Serras, des großen Franziskaners. Diese Priester waren große Träumer und große Ausführer: Mit der kalten Berechnung des Ingenieurs, mit dem listigen Instinkt des Kaufmanns und mit dem fanatischen Willen des Gläubigen sahen sie etwas, was heute Kalifornien heißt.

In der Dämmerung zurück nach Monterey. Das Hotel, ein »historisches Haus«, wurde 1824 von Don Esteban, einem spanischen Diplomaten, erbaut. Heute ist es Motel, Heim für motorisierte Gäste, mit weiten Zimmern, Erdgasheizung und Schwimmbad. In jedem Zimmer ist ein Fernsehempfänger, im Speisesaal herrscht das leise Zeremoniell gezierter Bedienung. Abends ein langer Spaziergang im Hafen. Die Lichter des Städtchens blinzeln und spiegeln sich in dem welligen Wasser der Bucht. In allem ist etwas Fernes, anders fern als nur in geographischem Sinn.

Frühmorgens geht es weiter an der Küste nach Santa Barbara. Dieser Teil der Straße – zweihundert Kilometer lang – zeigt die schönste Landschaft, die ich je irgendwo in der Welt gesehen habe. Immer am Ozean entlang, mitunter auf gefährlichen Serpentinen zwischen Felsen in der Höhe, manchmal am sandigen Strand, aber immer an der Küste. Die Felsküste ist abschüssig und steinig, kahle Berge begleiten sie. Bei Amalfi ist die Landschaft ähnlich – leidenschaftlich und rhythmisch. Der Berghang führt Geröll, ständig wird die Straße repariert, die Strecke ist nicht ungefährlich. Doch die Straße ist leer, nur einige Straßenbauwagen begegnen uns. Die motorisierte Touristik, diese lebensgefährliche Epidemie unserer Zeit, hat diese Gegend noch nicht angesteckt.

Manchmal liegen an der Ozeanküste grüne Wiesen, berühmte Golfplätze wie das Pebble Beach. In dem strahlenden Licht wirkt die Straße festlich: die ruhige Majestät des Ozeans, der Wellenschlag am Ufer, auf den Felsen weiße Wasservögel wie ein Schneefall und überall auf den nahen Granitklippen die Robben, im dunklen Wasser aber Wale. Die dünenreiche Küste des Atlantischen Ozeans mit ihrem Sand und Riedgras ist nicht so bewegt und beredt. Freilich haben auch die Dünen ihre eigene, ernste, monotone Schönheit: der Sand, einige Seeadler und Wasservögel und der Ozean – auch das ist Poesie.

Überall stehen blühende Mimosenbäume. Ein starker Wind geht, der rauh ist und nach Salz duftet – das Pathos der Anfangszeile von Shelleys *Ode an den Westwind* dröhnt in ihm.

Am Straßenrand hängt ein Briefkasten mit der weißgemalten Aufschrift »Miller«. Hier wohnt Henry Miller, der Schriftsteller, dessen aus dem erotischen Themenkreis geschöpfte Bücher lange nur in Europa erscheinen durften – in Paris wurden zuerst *Tropic of Cancer* und *Sexus* gedruckt. Jetzt lebt er hier in Big Sure an der

Ozeanküste. Kürzlich schrieb er ein Buch über diesen Ort, über seine Nachbarn, die hierher verirrten Künstler und Schriftsteller. Diese Art Abkehr ist an der kalifornischen Küste häufig. In einer Welt, wo der Terror des modernen, technisierten und kommerzialisierten Lebens den geistig Schaffenden in die Abwehr jagt, flüchten sich viele hierher. Und diese Landschaft kann wirklich ein Heimatgefühl bieten: Die Ozeanküste ist nie »fremd«.

Gärten am Straßenrand mit eigenartig dunklen Blumen. Hier und dort steht in der dunklen Tiefe der Gärten ein einsames, aus Steinen gemauertes, spanisches Haus. Große Leere ist um diese Häuser.

Weiter an San Simeon vorbei, wo Hearst, der Gründer der amerikanischen Boulevardpresse, einen sonderbaren Rummelplatz aufgebaut hat: Aus Europa ließ er die Steine eines Kastells holen, dazu Kirchtürme, seltene Bilder und Möbel, und erbaute dann auf dem Berggipfel einen sehenswerten Palast mit hundert Zimmern, Schwimmbad, Kathedrale, importierten Palmen und Kakteen. Die Landschaft hier ist hügelig und mit Zypressen bestanden wie in der Toskana. Hearst starb, und dieser sonderbare Rummelplatz ist jetzt ein Schaustück des kalifornischen Staates. So geben die Reichen überall in Amerika der Gemeinschaft zurück, was sie aus Luxus, Laune und Liebhaberei im Lauf ihres Lebens zusammengetragen haben. Für das Publikum ist dieser nicht geplante, aber freiwillige Dienst menschlicher und gerechter als die gewaltsame Enteignung im kommunistischen System.

Am Fuße des Kastells und des Hügels ergänzen Herde und Hirt das toskanisch wirkende Landschaftsbild.

Von San Simeon weiter auf der schönen, erregenden Küstenstraße. Vor hundert Jahren, als in Europa bereits Eisenbahnen fahrplanmäßig verkehrten, gab es hier noch nicht einmal eine Straße. Aber es genügt nicht, einen Kontinent, ein Vaterland in Besitz zu nehmen, man muß sie auch einrichten. Amerika erlebt jetzt diese zweite Phase der inneren Landnahme.

An der Grenze von Santa Maria erscheinen die ersten kalifornischen Ölquellen. Nahe dem Ufer, über dem Meer, tauchen überall die »Offshore«-Öltürme auf, diese maschinellen Mücken, die aus der Tiefe des schlammigen Meeresbodens das Öl unterhalb des Meeresspiegels hervorholen.

Eine dänische Niederlassung. Der Eigentümer heißt Andersen, weiß jedoch nicht, ob er ein Verwandter des Märchendichters ist. Er hat einen Weinkeller, wie ich ihn zuletzt in Portici bei Neapel gesehen habe. In kühlen Zellen, die in den Stein gehauen sind, liegen spinnennetzumwobene Flaschen, seltene heimische Gewächse, aber auch französische, deutsche und italienische Weine. Achselzuckend sagt der Wirt, daß die Kalifornier in Wirklichkeit keinen Tischwein trinken – sie trinken auch hier Schnaps und dann noch allenfalls Süßwein, weil dieser »schneller wirkt«. Ärgerlich sagt er: »Sie trinken nicht so, wie es sich gehört.« Sein Gesicht leuchtet auf, als ich eine Flasche 49er Pouilly-Fuissé kaufe.

Die Straße wird immer halsbrecherischer. Die Sonne steht tief, vom Ozean her pfeift ein kalter Wind. Zitronenwälder, Artischockenfelder beginnen, dann ein ausgedehnter Weinberg mit kahlen Stöcken – mehrere Hektar Wein mit Reben, in peinlicher Ordnung gepflanzt.

Santa Barbara

In der Abenddämmerung, aber noch bei Licht, kommen wir an. Das Hotel ist eine erdgeschossige Häusergruppe an der Ozeanküste mit einem Wintergarten, Palmen und Schwimmbad. Es hat einen eigenen Strand, hier spaziere ich bei Sonnenuntergang auf dem Brettersteg. Dieser Sonnenuntergang an der pazifischen Küste ist eine Vision nach van Gogh, ein funkelndes, kosmisches Schauspiel. Die vergehende Sonne zeigt jede Nuance von Gelb und Gold. Und über dem unendlichen Wasser erscheint am Himmel der Abendstern, die Venus, hier ein faustgroßer Karfunkelstein. Bei meinen Abendspaziergängen in Posillipo und dann überall in Europa, an den Ufern des Atlantischen Ozeans und auch jetzt über dem Pazifik war es jedesmal ein tröstender Augenblick, wenn dieses funkelnde Himmelszeichen erschien, als wollte es sagen: »Alles ist in Ordnung.«

Im Speisesaal treffe ich auf eine große Menge von Vertretern – diese lärmenden Statisten des Hotellebens in der amerikanischen Provinz, die unter dem Vorwand irgendeiner Fachkonferenz auf Reisen gehen und in Massen gegen Pauschale in der Fremde zwei oder drei Tage verbringen. Diese amerikanischen Reisevertreter sind geschwätzige, selbstbewußte Herdenmenschen und darüber hinaus besonders, ja beängstigend anspruchsvoll und verwöhnt.

Der amerikanische Tourist ist im allgemeinen bescheiden, höflich und still. Überall stellt er sich freiwillig zur Schlange auf, gehorsam wartet er, will selbst für sein teures Geld nichts extra, er ist wohlerzogen und geduldig. Der Herdenmensch – in der Vereinigung liegt die Kraft – ist laut und anspruchsvoll.

Frühmorgens füllt sich der Garten mit einem Licht, das an den sommerlichen Strahlenglanz der französischen Riviera erinnert. Oben am Hügelhang liegen die Gärten von Santa Barbara mit ihren duftenden Büschen, das »Presidio«, ein Stadtviertel mit spanischem Charakter und schönen Privathäusern. Der Ort am Fuße der Berge an der Küste des Ozeans ist ein berühmter Sommerkurort. Um das Presidio, die aus der spanischen und mexikanischen Zeit verbliebenen Verwaltungsbauten, gibt es geschmackvolle, reichhaltige und feine Geschäfte, einen großen Bazar mit mexikanischem Silber und Keramik aller Art. In einem durch Vorhänge abgeschlossenen, sonst aber unbedachten spanischen Gasthaus tragen mexikanische Kellner das Frühstück auf. Überall herrscht guter Geschmack, Lächeln, gute Lebensart. Hier und überall an Kaliforniens Küste bricht die Kraft des außerordentlichen Geschmacks des Spaniertums durch – sie tut es auch heute gegenüber der Konvention der Yankees und dem Kommerzialismus.

Eine der Streusiedlungen der kalifornischen Universität ist hier erbaut. Die Lokalzeitung meldet, daß »der bekannte englische Schriftsteller Huxley«, der sich schon vor einem Jahrzehnt von England nach Kalifornien expatriiert hat, für weitere zwei Jahre als Gastprofessor nach Santa Barbara berufen wurde. Das ist eine Art höfliche Sinekure – Amerikas Universitäten laden öfters

Schriftsteller zu Gast. Es gibt eine Legende, wonach Schriftstellernabobs im eigenen Flugzeug in den Dschungel fliegen, um Tiger zu jagen. Die Wirklichkeit ist anders. Faulkner und Wilder, beide ausgezeichnete und geschätzte Schriftsteller, waren gleichfalls Gäste amerikanischer Universitäten wie Huxley, der Engländer, und viele andere. Die besten der amerikanischen Schriftsteller jagen noch immer lieber nach treffenden Beiwörtern als nach Tigern, und sie erforschen begeisterter die Geheimnisse der Syntax als die Rätsel des Dschungels.

Auch in Santa Barbara ist die Missionsniederlassung eine Gründung des harten und klugen Padre Serra. Zwischen Bergen, auf dem Gipfel eines duftenden Hügels, wurden die große Kirche in romanischem Stil, das Kloster mit seinen Arkaden und das Museum erbaut. Von der Kirchentreppe aus blickt man auf den Ozean in der Tiefe. Einige Priester darben hier beim Gartenbau. Ein Padre zeigt das Missionsmuseum, indianische Gebrauchsgegenstände, bescheidene Gemälde und Schnitzereien. Er sagt: »Unter allen indianischen Stämmen standen die kalifornischen auf dem tiefsten Kulturniveau. Das hat wohl im Klima seine Ursache«, fügt er ernst hinzu.

Vier Stunden Weg an der Ozeanküste. Die Landschaft ist hier bereits kahl, öde, längs des Ufers sieht man überall die Offshore-Ölquellen. Im Lichte der Dämmerung leuchten die babylonischen Häuserblocks von Los Angeles auf.

Los Angeles

Über die Palmenallee des Viertels Santa Monica fahren wir in die Stadt ein. Als der Wagen die breiten Straßen von Los Angeles entlangrollt, ruft ein Reisegefährte selbstvergessen aus: »Wie neu ist hier alles ...«

Dieses »neu« schreit einen in Los Angeles wirklich überall an. Auch San Francisco ist »neu«, aber dort sind Straßen und Häuser bereits irgendwie »gesetzt«, sie haben so etwas wie eine hastige Patina angenommen. In Los Angeles ist alles so frisch gekalkt und in Eile erbaut wie eine Kinokulisse, die man tags darauf schnell wieder abreißt. Die Palmen, langgestreckt und hager, haben dünne Stämme, sie wirken wie Giraffen. Die Straßen sind breit und haben nur einstöckige Häuser. Mehrstöckige Geschäftshäuser sieht man selten – zumindest in den modernen Wohnvierteln wie Santa Monica und in den Gartenbezirken von Beverly Hills gibt es kaum mehrstöckige moderne Bauten. Aber die »Downtown«, das Geschäftsviertel, ist auch hier voll von beängstigenden, kleineren Wolkenkratzern.

Und alles ist gigantisch, lümmelhaft provinziell. Vor siebzig, achtzig Jahren strolchten an diesem Küstenstrich einige übelbeleumdete Subjekte herum. Jetzt leben hier drei Millionen ihr verblüffend luxuriöses und zugleich provinzielles Leben.

Das Hotel steht mitten im Stadtzentrum nahe bei einem mit Palmen umgürteten Stadtpark namens Pershing Square. Die Stadt, die sich über 450 Quadratmeilen erstreckt und aus mehreren herausfordernd abgesonderten, protzig und snobistisch selbstbewußten Teilen besteht – nach einem lokalen Wortspiel suchen hier entsprechend einem Lustspieltitel Pirandellos »fünf Stadtteile eine Stadt« –, ist nur um die wenigen Straßen der Innenstadt herum großstädtisch. Hier, in der Stadtmitte, sind die Straßen laut und schmutzig wie in New York in der Gegend des Broadway und der 42nd Street. Viele Farbige gibt es, Mexikaner, Puertoricaner, Neger. Alles eilt und schiebt sich, alles hupt. Zum erstenmal begegnete ich in Kalifornien, wo die Leute eher freundlich und höflich sind, schlechtem Benehmen.

Die Titelzeilen der Abendzeitungen schreien mit großen Buchstaben die Nachricht vom Tod eines hiesigen Filmproduzenten aus. Es war ein älterer Mann, er starb im Bett auf seinen Kissen, aber die Zeitungen von Los Angeles verbreiten die Trauernachricht auf der ersten Seite mit Riesenbuchstaben, wie man sie sonst für politische Ereignisse von historischer Bedeutung verwendet. Leben und Tod von Kinoleuten sind in dieser Großstadt eben historische Ereignisse.

Morgens im nahen Park, im Pershing Square. Unter den Palmen Steinbänke, viele Bummler und Nichtstuer wie in Neapel, kreischender Lärm. Ende Januar ist die Wärme sommerlich. Die Hitze ist naß und rauchig, das ist der berüchtigte »Smog«, die widerliche Mischung von Rauch und Nebel.

Zwei Alte auf der Bank neben mir brummen und schwätzen. »Unsere Japaner sind in Ordnung«, murmelte der eine. »Nach Pearl Harbour hatten sie lange einen schlechten Ruf. Aber dabei sind die Japaner doch tüchtige Leute, sauber, ordentlich und ausgezeichnete Gärtner ... Sie stopfen in ein Dreckhäufchen einige Blumensamen, und im Jahr darauf machen sie daraus einen Garten.«

Der andere: »Auch die Chinesen sind gut, aber schmutzig.« Darauf der erste: » Ganz egal, sie kommen, die Gelben, sie sind hier bereits überall und werden immer mehr, alles fressen sie ab. Der weiße Mann verkümmert, *we are fading away*, die Gelben kommen.«

Unter den Bummlern sind viele Haarphänomene: junge und alte Männer mit phantastischer Behaarung, schwingendem Bart und wogendem Schnurrbart. Sie lassen sich eine Art Haarmaske wachsen, das ist ihr Lebenswerk. Eine Figur, die von den Dasitzenden voll höhnischer Achtung mit »General« angeredet wird, ist ein Greis, der zehn Zentimeter lange, wahrscheinlich künstliche, rotgemalte Fingernägel zur Schau stellt.

An allen vier Ecken des Parks brüllen Wanderprediger. Ein junger Mann in Hemdsärmeln, sauber gekleidet, predigt, die Bibel in der Hand, mit vor Verzückung schäumendem Mund. Es ist ein fast zahnloser mexikanischer Typus, sein schwarzes Haar ist fett von Pomade. Hier und da schlägt er mit dem Pathos eines Straßenverkäufers die Bibel gegen einen Palmenstamm. Er redet in einer Exaltiertheit, daß er Speichel sprüht, in seinen Augen glänzt irres Licht – er predigt das Heil, wie ein stellenloser Agent Staubsauger anpreist. Was er sagt, hat keinen Sinn: Das Ende der Welt ist da, das Armageddon ist nahe, es wird Zeit, sich zu bekehren, beteuert er immer wieder. Und es kann sein, daß er recht hat. Die Bummler hören ihn geduldig an, eine alte Frau klatscht ab und zu Beifall. Manchmal bricht er ab und starrt vor sich hin, dann kommt er wieder zu sich und schwenkt – wie der gute Agent seine Ware – die Bibel, um heiser weiter zu prophezeien.

In der Public Library – sie ist, wie die meisten amerikanischen Bibliotheken, übersichtlich, leicht zugänglich und reich ausgestattet. In den Mittagsstunden sitzen viele im Lesesaal, es sind junge Leute. Es gibt polnische, deutsche, russische Bücher und sehr viel spanische dabei. Ich schlage ein Buch von Wilder auf, die *Iden des März*. Es wurde nicht ein einziges Mal ausgeliehen. Den Bestseller-Schund reißt man sich auch hier gegenseitig aus der Hand, aber der Prozeß der geistigen Verdauung, der diese verschieden geartete Nahrung aufarbeitet, ist außerordentlich verwickelt.

Hinaus zur Meeresküste nach Santa Monica. Anderthalb Stunden vergehen, bis der Wagen von der Stadtmitte über eine breite Ausfallstraße nach Santa Monica holpert. Ohne Untergrundbahn ist jede Großstadt gelähmt und wirkt provinziell, schwerfällig und unbeholfen. Diese Straße führt durch die ganze flache, auseinanderfließende Stadt, durch Beverly Hills, wo die vornehmtuenden Filmleute in ihren Gartenpalästen wohnen. Wir kommen an dem Douglas MacArthur Park vorbei. MacArthur wurde geschickt und taktvoll beiseite gestellt; man rief ihn aus Japan zurück, dann veranstaltete man hier in Los Angeles und vielerorts in Amerika Festlichkeiten zu seinen Ehren, die an römische Triumphzüge erinnerten. Sie feierten ihn zu Tode und erlaubten ihm nicht, Märtyrer zu werden.

Die Häuser sind überall »neu«, große Hotels, wahre Kinokathedralen. Die Kraft, die diese Stadt in Spannung hält, ist außerordentlich. In allem ist etwas Übertriebenes, Großsprecherisches und Streberhaftes. Das ist der Kinogeist – die helle Sonne rief vor Jahrzehnten die ersten Filmproduzenten hierher, diese verläßliche Sonne, die den damals noch in Außenaufnahmen hergestellten Filmen die Möglichkeiten eines Naturateliers bot. Aber vielleicht beunruhigt auch etwas anderes die Stadt: Es ist die Abenteuersucht der Konquistadoren, die in diesem sich horizontal hinbreitenden Stadtbild eine Arena für ihre Wettkämpfe fand. Das Außenbild der Stadt zeigt, was in Amerika nicht sympathisch ist: die horizontale Ausstrahlung. Es kann kein Zufall sein, daß der Kinorappel, die Manie paranoischen Größenwahns, hier Gestalt angenommen hat.

Im Schatten der Palmen von Santa Monica stehen an der Küste Bänke, belaubte Bäume, duftende Büsche. Eine alte Französin setzt sich neben mich auf die Bank, sie hat eine noch ältere, gelähmte Amerikanerin im Rollstuhl hier in die Sonne geschoben, sie spricht klug und präzis auf französische Art. Sie sagt, die Entfernungen in der Stadt seien so außerordentlich, daß jeder auf das kleine Getto seines Wohnviertels beschränkt bleibt, weil die Menschen mit dem Auto oder Autobus Stunden brauchen, um zueinander zu kommen. Es gibt keine Untergrundbahn und, gemessen am großen Verkehr, wenig Highways, die die Stadt durchschneiden. »Es ist eine unbequeme und langweilige Stadt«, sagt sie mit französischer Knappheit.

Dennoch haben sich hier in Santa Monica viele Menschen angesiedelt, um sich zu sonnen oder unter Palmen zu ruhen. Ende Januar tut dieser gleichmäßige Sonnenschein gut. Am Himmel kreisen die Jet-Maschinen. Am

Ufer gibt es viele Fischer, Bummler und Tagediebe. Die Palmenpromenade ist von einer Umzäunung umgürtet, und viele Tafeln warnen den Spaziergänger aufzupassen, weil »dieser Küstenteil absinkt«.

Abends im Aktualitätenkino der Innenstadt. Bezaubernde, bunte französische Bilder von Tieren, der Flora und Fauna des Meeresgrundes. Im tiefen Wasser jagt der Taucher mit einem elektrischen Wassermotorschlitten hinter den Fischen her. Ein furchtbar aussehender, aber netter Fisch – er heißt Ulysses –, der sich im tiefen Wasser über den Menschenbesuch freut, tut ganz vertraut, sie kreisen umeinander. Ein versenktes Schiff bietet einen gespensterhaften Anblick. Dann kommt Mikojan, der Bolschewik armenischer Abstammung, wie er freundlich mit Ford plaudert. Die Welt ist wirklich farbenreich.

Nachmittags quer durch die Stadt, durch das Hollywood-Quartier, wo früher die Götter und Göttinnen des Kino-Olymps wohnten. Beim Hören ihrer heiligen Namen befällt den Wanderer die Lust, ein Kreuz zu schlagen und ein kurzes Gebet abzuhaspeln.

Hinauf nach Pasadena. »Hier leben die Millionäre«, wie ein Einheimischer andächtig sagt. Aber hier lebt auch Upton Sinclair, der Sozialist, der erfolgreich die Methoden enthüllt und heruntergemacht hat, mit denen Amerikas Millionäre in der Zeit des Monopolkapitalismus diese Paläste erbauten. Der Chauffeur weist auf die großen Gärten und die herausfordernden Häuser, er erzählt, daß eine Millionärin, Mrs. X., kürzlich Selbstmord in einem dieser Paläste begangen hat, der zweieinhalb Millionen Dollar gekostet hat – sie hatte nicht mehr genug seelische Kraft, in ihren Palast nach Chicago zurückzukehren, der sogar »drei Millionen Dollar gekostet hat«. Solche Zahlen bedeuten dem Amerikaner etwas, was nicht mehr »Zahl« oder »Geld« ist, sondern etwas wie eine Art gläubiger Wertbezeichnung.

Dann zeigt man eine hohe Eisenbahnbrücke, von der in der Zeit der Depression der dreißiger Jahre Selbstmörder in die Tiefe sprangen, weil sie innerhalb des Reichtums der paradiesischen Landschaft materielle Sorgen nicht vertrugen.

Die Straße führt durch öde, rauchige, nebelige Stadtviertel. Pasadena ist hübsch, aber irgendwie ausgestorben: Die Sorte Millionäre, die diese Gartenpaläste erbaut hat, ist mit der Zeit zusammengeschmolzen. Erwürgt wurde diese Lebensform durch die amerikanische Revolution, die Besteuerung, die wirtschaftliche und gesellschaftliche Umbildung. Die Paläste sind verblieben, auch in Pasadena wie anderwärts und überall in Amerika – aber die palastmäßige Lebensform hat die Zeit zerstört.

Auch in Europa hat dieser Prozeß eingesetzt, aber anders. In Frankreich, Italien und Spanien hat man diese große Umbildung der Lebensformen bis heute nur gestreift. Aber Skandinavier, Deutsche, Engländer haben bereits ohne Revolution diesen Weg beschritten. Überall übergibt die Zeit die Paläste der Gemeinschaft; aber der westliche Prozeß ist menschlicher und organischer als die gewaltsamen östlichen Lösungen, die der Russe und der Chinese durchgeführt haben.

In einem solchen Palast von Pasadena befindet sich die Huntington-Bibliothek. Hoch über Los Angeles in einem weiten Garten wurde der georgianische Palast Anfang des Jahrhunderts erbaut. Im Garten befindet sich eine Palmenzucht, in einem abgesonderten Gartenteil seltene

Pflanzen der Wüstenflora Amerikas. Vor dem Fenster im Obergeschoß des Baus mit seinen hundert Zimmern bietet sich das Stadtbild von Los Angeles, diese breite, flache Siedlung. Die Stadt dampft in dem dunstigen kalifornischen Licht.

Huntington war ein Eisenbahnunternehmer und hat viele Millionen mit Grundstücksspekulationen in Südkalifornien verdient. Der säulenbestandene Aufgang zu dem großen Lusthaus führt in einen Saal, wo an den Wänden neben seltenen Bildern von Reynolds und dem berühmten *Blauen Knaben* von Gainsborough die Porträts der Gründer, Mr. und Mrs. Huntington, hängen. Der Mann ist ein Bürger mit ernstem Blick und klugen Augen: Man sieht ihm an, daß er in einer Welt geboren ist, in der noch niemand etwas von einer progressiven Steuer gehört hat. Mrs. Huntington trägt auf dem Bilde einen Hut und eine Brille, sie wirkt wie eine Gnädige aus dem vorigen Jahrhundert.

Wie vor der Französischen Revolution die Edlen vom Hofe der Bourbonen, so blicken diese südkalifornischen, monopolkapitalistischen Prominenzen vom Anfang des Jahrhunderts mit einer Art von historischem Trotz aus den Bildern in die Zeit, die ihre Privilegien hinwegwischt. Wie der Frick-Palast in New York, wie in Washington, Pittsburgh oder anderswo die Häuser der Pflanzer und der industriellen Pionieraristokraten, so ist auch dieses Gebäude nicht mehr in Familienbesitz. Es war einmal Wohnhaus, jetzt ist es Museum, das Volk hat es in Besitz genommen. Ohne Blut und ohne Gewalt, ja die früheren Eigentümer gaben meist noch große Geldsummen zur Erhaltung der Bauten. Dieser Weg der gesellschaftlichen Umformung ist vielleicht ein »challenge«, mit dem der Westen seinen Gegnern in der großen Auseinandersetzung unseres Jahrhunderts überzeugend antworten kann.

Hier auf dem Gipfel des Hügels, wo noch vor hundert Jahren nichts war – Indianer jagten damals in dem heutigen Garten –, reden die vielen Räume des Palastes, seine Flügelfenster und die schönen Möbel von einer Welt, die am Anfang des Jahrhunderts mit einer Geschwindigkeit wie in Tausendundeiner Nacht Wirklichkeit wurde. Die Möbel, Kunstgegenstände und seltenen Handschriften – es sind etwa 200 000 sorgsam ausgesuchte Bücher und eine Million Briefe und Handschriften, deren viele von der spanischen und mexikanischen Vergangenheit Kaliforniens zeugen – hat der Sammler und Erbauer Huntington binnen zwanzig Jahren, zwischen 1907 und 1927, zusammengetragen. Man kann sich schwer vorstellen, daß in der Epoche der progressiven Besteuerung und des gesetzlich geregelten Arbeitslohns noch heute jemand in hundert Zimmern, in solchem Reichtum mit dem zugehörigen Personal leben könnte: Die monatlichen Kosten für drei Bedienstete eines großbürgerlichen Haushalts in Amerika – Chauffeur, Diener und Köchin – betragen fünfzehnhundert Dollar, und keiner von den dreien übernimmt irgendeine Hausarbeit über sein begrenztes Fach hinaus! Das ist die Bezahlung, dann aber erfordert die Verpflegung und alles, was dem im Hause lebenden Personal zusteht, noch einmal dasselbe. Diese Mehrausgaben kann der großbürgerliche Haushaltungsvorstand nicht etwa als Personalkosten von seiner Steuer abziehen – er muß es aus demjenigen Einkommen bezahlen, das ihm noch nach der Steuer verbleibt. Noch immer gibt es in Amerika Fords und Rockefellers sowie Ölmagnaten, die sich diesen Luxus leisten können ... Aber es sind ihrer nicht mehr viele, und keiner von ihnen kann in einem Palast mit hundert Zimmern wohnen, wie es die Huntingtons am Jahrhundertanfang taten.

Unter den seltenen Büchern, die der Sammler Huntington hinterlassen hat, ist das Original einer Gutenberg-Bibel – eines der guten Exemplare –, dann einer »First Folio«-Ausgabe von Shakespeare und George Washingtons eigenhändig geschriebene Genealogie aus dem Jahr 1792. Und eine »Biblia pauperum«. Dieses Buch ist hier, wo man vom Bibliotheksfenster auf Hollywood herabblickt, eine besondere Seltenheit und ein greifbares Beispiel für die Umformung menschlicher Unternehmungen.

Die »Biblia pauperum« wurde fast gleichzeitig mit der Gutenberg-Bibel hergestellt, und zwar für schriftunkundige Priester und Gläubige. Kleine quadratische Zeichnungen zeigen auf den Seiten des Buches die wichtigsten Begebenheiten aus der Heilsgeschichte. Aus diesen Bildchen vernahm das fromme Volk den Sinn der Heiligen Schrift. Im Bauch des Walfisches kann man Jonas sehen – wie heute in den Beilagen der Zeitungen die bornierten Bildchen der »Comic strips« den primitiven Menschen der vermaßten Welt Geschichten erzählen.

Hoch über Hollywood in der Huntington-Bibliothek von Pasadena ist diese »Biblia pauperum« ein Dokument. Mit diesen Figuren auf quadratischen Bildern beginnt eine Kunstart, die die Massen von Analphabeten mit begeistertem Interesse aufnahmen. Und die letzte Entwicklungsstufe dieser Kunstart, des visuellen Märchens, ist das, was unten in der Tiefe, in den Ateliers des dampfenden, strahlenden Hollywood, Jahrhunderte später unter der Bezeichnung »Kino« Gestalt angenommen hat. Die Bilder der »Biblia pauperum« begannen sich eines Tages zu bewegen. Und wieder eines Tages hat die bewegliche Spielart der quadratischen Zeichnungen mit Hilfe der Erfindungen eines Edison und der Brüder Lumière in den vergangenen Jahrzehnten hier an diesem Schauplatz eine Kunstart verwirklicht, die Milliarden von Menschen Geschichten vom Menschen und der Welt erzählt.

Diese Kunstart ist das Kino. Hier war seine Wiege, und Pessimisten prophezeien, daß hier auch sein Friedhof sein wird, weil es so sehr Geschäft geworden ist. Das ist nicht gewiß. Aber sicher ist, daß hier an diesem Platz, wo man eine Kunstart für schriftunkundige Massen schreibt, produziert, organisiert, baut und vertreibt, eine Frage sich ganz betont aufwirft: Was gab Hollywood der Welt in Wirklichkeit?

Es bot King Kong, aber es gab auch Chaplin. Es gab den Cowboy, der die unschuldige Waise rettet, es gab aber auch die filmische, heidnisch-biblische Spielart der Geschichte großer Männer. Es gab Frankenstein, das Ungeheuer, das zum Frühstück Blut trinkt, aber es gab auch das, daß analphabetische Hindus, chinesische Kulis und Neger die Gedankenwelt eines Tolstoi und anderer großer Schriftsteller der Weltliteratur kennenlernten. Ist die Anklage richtig, daß das Kino, zumindest wie es hier unten in Hollywood Gestalt angenommen hat, die Anschauungskraft und den geistigen Anspruch der Massen nicht gehoben hat?

Vor langer Zeit erwarben wenige – wie zum Beispiel Herr Huntington – mit großer Anstrengung ihre Bildung. Heute kommen sehr viele Menschen ohne jede Anstrengung zu einer platten Informiertheit, die sie mit Bildung verwechseln. Diese Anklage ist vielleicht berechtigt.

Aber alles in allem – geben nicht das Kino und dann seine Verwandten, die neuen Massenopiate wie Radio und Fernsehen, einen gewissen Antrieb für eine Massenkultur? Wenn man eines Tages über diese Anstrengungen – angefangen von der »Biblia pauperum« bis zu King Kong – eine echte Bilanz aufstellt, dann wird sich vielleicht ergeben, daß das geschäftemachende, billige, brutale Leidenschaften schmiedende Kino für Menschenmilliarden Ideen, Gedankenkreise, große schriftstellerische und künstlerische Schöpfungen in erreichbare Nähe gebracht hat, wie sie die Heilige Schrift diesen Massen niemals vermitteln konnte.

Vom Fenster sieht man das apokalyptische Ungeheuer Los Angeles. Aus allen Teilen der Welt eilten hierher Menschen jeder Art und jeden Ranges, Roßtäuscher und Genies, Don Quichottes und Abenteurer des Geistes, um eine schwankende Fata Morgana zu verwirklichen, die in Form von Kinoapparaten der Welt Märchen erzählte. Unterhalb der hängenden Gärten des georgianischen Palastes, wo wir jetzt stehen, ist das geschehen. Der Ort, die »Biblia pauperum«, die Menschenzirkusse Hollywoods in der Tiefe, diese sonderbare exhibitionistische Nervosität, die in dieser großen Mustersiedlung jeden befällt, der sich hier ansiedelt – wie der Korporal Napoleons den Marschallstab in seinem Tornister trug, so trägt jede Stenotypistin von Los Angeles in ihrer Handtasche den Lippenstift und die anderen Utensilien des Make-ups, mit deren Hilfe sie eines Tages eine Greta Garbo werden kann! –, dies alles weckt beklemmende Phantasien.

In der Nachbarschaft der Huntington-Bibliothek befindet sich »Rose Bowl«, die große Arena, wo alljährlich vor 101 000 Zuschauern – genauso viele gehen hinein – das große Lokalfest gefeiert wird: An jedem Neujahrstag spielen hier ausgewählte Mannschaften der besten Universitäten gegen die eingeladenen Halbgötter der »Big Ten« ... In dem Vorraum, der »Hall of Fame«, der Ruhmeshalle, zeigt man die Porträts unmenschenhaft muskulöser Helden, der grinsenden Halbgötter des Baseball. Das alles ist genau die moderne Kopie – und das nicht nur hier in Pasadena, sondern überall in der Welt – von Bildern des Kolosseums und der Gladiatoren.

Das Technologische Institut von Pasadena ist eine wissenschaftliche Streusiedlung der kalifornischen Universität. Es ist eines der hervorragendsten Institute der Vereinigten Staaten, in der Qualität läßt sich mit ihm nur das Technologische Institut von Massachusetts vergleichen. Es sind mehrere Gebäude, in denen 1077 Schüler wohnen und lernen in einer Art klösterlicher Abgeschlossenheit, alle im Internat, das Institut nimmt Externe nicht an; man will einen Teamgeist, aber auch, daß die Studenten nicht durch lange Anfahrtswege unnötig viel Zeit verlieren und vielleicht auch sonst abgelenkt werden ... In diesem Institut wurde in vieljähriger Arbeit die Spiegellinse von fünf Metern Durchmesser geschliffen, mit der man in der nahen Sternwarte Palomar jetzt die Galaxien photographiert.

Das sind die neuen rationalen, weltlichen Klöster – wo gelehrte Heiden ein neues, immanent religiöses Weltbild aus exakten Kenntnissen aufbauen.

Da ist die Mission San Gabriel. Auch sie ist auf einem Hügel aufgebaut, hoch über Los Angeles. Auch sie ist maurisch-romanisch mit einem großen Patio, mit überwölbten Gängen und einem Campanile. Alle diese Missionsbauten brachten in die Wildnis des Fernen Westens die Formensprache einer gereiften Kultur. Erbaut wurde San Gabriel 1771. Aus der spanischen und mexikanischen Periode verblieben nur diese Missionshäuser. Im Kirchenmuseum sind geschmiedete indianische Eisenarbeiten. Mit ihren geringen Fähigkeiten suchten sich die hiesigen Indianer bereitwillig einem höheren fremden Kulturkreis zu nähern, aber bedeutende Erinnerungen an dieses Bemühen sind nicht erhalten.

Abends zurück nach Los Angeles. Um das Hotel herum lungert faulenzender Großstadtpöbel. Wie man sagt, sind diese Straßen – die Main Street und Umgebung – die Börse der Händler mit Narkotika. Auch hier gibt es viele Verbrechen, vielleicht sogar mehr als in New York, und ein Grund dafür ist das dunkle und wilde Geschäft, das sich mit den aus dem Fernen Osten hierhergeschleppten Betäubungsmitteln herausgebildet hat. Man sprach bereits davon, man sollte Opium, Heroin, Marihuana freigeben – wie man es mit dem Alkohol nach dem gescheiterten Experiment der Prohibition getan hat –, dann würde die Kriminalität zurückgehen, wie das auch nach der Aufhebung der Prohibition geschah.

Nahe dem Hotel ist ein großes Gebäude: die »Church of the Open Door«. Ein arenaartiger Saal ist der Schauplatz von Glaubensdebatten und Synoden. Hier werden unter dem Thema »Prophecy Conference« Zusammenkünfte abgehalten, Versammlungen verschiedener Sekten, weil das Armageddon nahe, das Ende der Welt und der Augenblick des Großen Kampfes bevorsteht. Einer der Redner ist Universitätsprofessor in Dallas, der andere ist in China als Sohn eines Missionsehepaars geboren ... All das wirbelt, gärt und ist unverdaulich.

Im Reisebüro einer Luftverkehrsgesellschaft bittet ein junger Mann aus Korea um eine Auskunft. Es leben jetzt viele Koreaner in Amerika. Während der Beamte im Kursbuch herumstöbert, unterhalten wir uns. Ich frage, ob es in Korea Schriftsteller gebe. Ernsthaft antwortet er: »Wir haben noch keinen Schriftsteller, dessen Werke die Übersetzung in fremde Sprachen lohnten. – Unsere Literatur ist romantisch«, sagt er sorgsam bedacht. Er weiß, daß die Ungarn »Verwandte« seines Volkes sind.

Vormittags bin ich mit einem jungen kalifornischen Journalisten zusammen – er ist hier in Los Angeles geboren und begeisterter Lokalpatriot –, in einer großen Garküche am Stadtrand, die sich »Farmer's Market« nennt, wo man Brühen aller Nationen braut und die Besucher im Freien, an den Tischen des Patio ihre chinesischen Schwalbennester und den ungarischen Gulasch verzehren. Im Kauen sagt er während des Gesprächs: »Die amerikanische Intelligenz wurde in den vergangenen Jahrzehnten von zwei Geistesrichtungen am tiefsten infiziert, vom Kommunismus und von der Psychoanalyse ... Beide boten den Abkömmlingen eines noch in naher Vergangenheit harten und widerstandsfähigen Pioniergeschlechts die Möglichkeit, im Leben anstatt persönlicher Standhaftigkeit als Ausweichgleis die entpersönlichte Verantwortung zu wählen.«

Wir sprechen darüber, daß die gesellschaftliche Stellung von Berufssoldaten in Amerika anders ist als in

Europa. Man schätzt den General, aber er hat nicht den gleichen gesellschaftlichen Rang wie der Geschäftsmann. »Das ist nur natürlich«, sagt er, »weil die Soldaten dem Kampf auswichen ... nicht dem Krieg, dort stehen auch sie ihren Mann wie jeder auf dem Schlachtfeld ... Aber im Frieden sind sie dem Kampf ausgewichen, als sie den Status eines festbesoldeten und pensionsberechtigten Soldaten wählten. Im Frieden ist es schwerer, einen Staubsauger zu verkaufen, als Soldat zu sein.«

Er weist auf eine moderne Häusergruppe. Wie er sagt, sind darin teure Gemeinschaftswohnungen. Die gealterten Ehepaare des vermögenden Mittelstandes kehren jetzt aus ihren Landhäusern in der Umgebung hierher zurück, weil die Kinder erwachsen sind und das Landleben sie langweilt ... So sickern sie in die Metropole zurück. Der Journalist weiß, daß in diesen Häusern die Zahl der Selbstmorde von ganz Los Angeles am größten ist – die vermögenden Alten können die ihnen verbliebene Zeit nicht mit Spannung ausfüllen.

Das Hobby, die Seelenlosigkeit eines Zeitvertreibs vom Niveau der Fernsehsendungen, läßt sie verkümmern. Auf einer amerikanischen Medizinertagung sagte kürzlich ein Arzt: »Die moderne medizinische Wissenschaft hat das durchschnittliche Lebensalter verlängert ... In Amerika sind heute mehr als zehn Millionen Menschen älter als fünfundsechzig Jahre ... Aber es genügt nicht, zum Leben mehr Jahre zu geben. Man muß zu den Jahren auch ein Leben geben.«

Das ist hier schwer. Alle die Ausländer, die hier Amerika »beobachten«, ob in anerkennendem oder ablehnendem Sinn, erfahren nur allgemeine Dinge. Die Probleme des einzelnen sind auch hier außerordentlich verwickelt, so zum Beispiel die Probleme des Alters – aber es scheint, daß im Leben hier eine Art besondere Freudlosigkeit vorherrscht, mit der im Greisenalter nur wenige fertig werden.

Die nächtliche Öde der Straßen in der großen Stadt, wo das Unterhaltungsgewerbe weltstadtmäßige Formen angenommen hat, ist verblüffend. In halbdunklen Bars und in Nightclubs mit Stimmungsbeleuchtung trinkt man den schweren Alkohol, oder man sitzt in den Vorhallen der Hotels und begafft die Fernsehsendungen, oder man bestaunt die Filme in Kinos – nirgends ist ein Restaurant, wo der Stimmungsanspruch der Menschen über das leibliche Bedürfnis hinaus Befriedigung fände, nirgends eine Weinstube, wo man sich nicht so sehr zum Trinken, sondern zur Unterhaltung versammelt, nirgendwo ein Konzertcafé, wo die gute Laune einer alten Kunstart, des melodiösen Chansons, Zerstreuung bietet, nirgends ein Kaffeehaus oder Espresso, nirgends ein Gartenlokal, wo man im Freien Getränke ausschenkt, nirgends ein Straßencafé. Wenn ich im Restaurant gegessen und gezahlt habe, dann geht der Kellner mit einem drängenden Blick um mich herum, ich sollte doch gehen, nur gehen – er drängt auch dann, wenn das Lokal leer ist.

In dem »Marineland« genannten Aquarium an der Ozeanküste gibt es einen Wasserzirkus. Auf den Befehl des Dresseurs springen Wale und Delphine aus dem Wasserbecken, sie spielen Ball und lassen Musikinstrumente ertönen. Die Delphine springen durch Feuerreifen, die über das Wasser gehalten werden, mit einem eleganten Sprung. Ja, man hat es schwer im Leben.

Ich sehe die Wale musizieren, und dabei fallen mir

einige Zeilen aus dem Buch Jonas ein. Die Rolle der Kreatur in der Schöpfung ist nicht logisch. Wenn der Wal im Zirkus gehorsam aus dem Wasser springt, so tut er es deshalb, weil er seine tägliche Zigeunerfischration nur so verdienen kann ... Hat der Schöpfer im Augenblick der Schöpfung auch an diese Möglichkeit gedacht? Wahrscheinlich ja.

Am frühen Morgen weiter zur Grenze von Mexiko. In den dunklen, leeren Straßen von Los Angeles brennen noch die Lampen, die Luft ist frisch. Dieser Moment der Reise, der Befreiung und Gelöstheit, der Ziellosigkeit und der Veränderung erinnert an das Grundgefühl der Jugend.

Ein langer Weg führt an den Obstgärten Südkaliforniens vorbei zwischen Zitronen- und Orangenhainen, quer durch Ackerfelder.

Es geht an dem berühmten Schaugelände Disneyland vorüber, wo der Schöpfer der Mickymaus Hunderttausende kindlicher Touristen mit den Sehenswürdigkeiten einer Art von Superrummelplatz unterhält.

Die Orangenhaine nehmen kein Ende. Meilenweit reifen hier überall die Orangen am Ende des Winters, nicht anders als in Sorrent, also fünfzehn Breitengrade weiter nördlich und sechstausend Meilen entfernt. Am Fuß der großen Berge, des Mount San Angelo und San Bernardino, ziehen sich Äcker hin, die eigenartig leer, einsam und verlassen wirken; sie sind bestellt, aber der Landschaft sieht man kein Menschenwerk an. Nirgends gibt es ein Tier, überall nur Maschinen und Werkstätten. Man pflügt die Felder hier nicht mehr mit dem Pferd, sondern mit Pferdestärken. Dann sieht man meilenweit Tomatenpflanzen, die mit Plastik bedeckt sind.

Die Sonne scheint, aber vom Ozean her kommt ein kühler Luftstrom, der frösteln macht. Einige Inseln tauchen im Ozean auf, so Santa Catarina, San Clemente. Die Namen der Ortschaften sind hier fast überall spanisch. Bunt schimmert die Grenzstadt San Isidore in der stark wärmenden Januarsonne.

Mexiko

Auf der einen Seite der Grenzschranke steht das Zollhaus mit gewölbtem Tor und der verlegen harmlosen, informierenden Aufschrift in großen Buchstaben: MEXICO. Dieses Tor ist der Zugang zum fremden Land. Die Grenzwächter von Mexiko sind unsichtbar, die Aufschrift und das Tor provinziell: eine kleine Pforte zu einem großen Reich.

Auf der Straße, die nach der nahen mexikanischen Grenzstadt Tijuana führt, wandern Mexikaner mit ihren großen Hüten, den Sombreros.

Überall sieht man Gruppen von Fußgängern. Dieser Anblick ist in dem nordamerikanischen Raum unbekannt; der Fußgänger ist dort sogar verdächtig. Auf der Straße von Tijuana, inmitten der lärmenden, staubigen, wogenden Unordnung, in der stickenden, nach Gosse riechenden Hitze, spüre ich es als einen besonderen Augenblick meines Lebens, daß ich hier bin: Etwas hat sich erfüllt, woran ich oft gedacht habe. Ich kann nicht sagen, warum, aber immer wollte ich einmal nach Mexiko kommen – als wenn hier etwas ganz Persönliches für mich wäre. Es gibt solche nebulösen Sehnsüchte, Anrufe und Reize im Leben eines jeden Menschen.

Die Andersartigkeit, die mich umgibt, ist zu greifen und zu riechen. Einige Schritte weiter hinten, jenseits der Eingangspforte, die aus den Vereinigten Staaten hierherführt, ist das Äußere der Häuser, sind die Speisen und der

Gesichtsausdruck der Menschen »amerikanisch«. Hier, einige Schritte weiter, ist alles völlig anders – nicht »amerikanisch«, sondern »mexikanisch«. Dabei mischt sich in dieser Grenzstadt ständig das Leben beider Länder: Täglich gehen Mexikaner zu Zehntausenden über die Grenze in die amerikanischen Fabriken und Farmen arbeiten.

Seit 1821, als Mexiko die spanische Herrschaft abschüttelte, bis 1843, als in Monterey zum erstenmal das Sternenbanner gehißt wurde, war Kalifornien, damals ein fast leeres Land, mexikanisches Hoheitsgebiet. In den letzten hundert Jahren führte dieses sehr alte Land, Mexiko, sein Leben weiter, das bei den Azteken und Tolteken seinen Ursprung und von den Spaniern seine Farbe hatte. – Gleichzeitig aber schuf die Union in der Nachbarschaft eine Zivilisation. Was geschah in diesen hundert Jahren hier, wo ich jetzt stehe, in Mexiko? Es gibt Elektrizität, Trolleybusse, viele Autos – und dennoch ist alles so »anders«, als wenn in der Nachbarschaft, jenseits der Schwelle, hundert Jahre lang nichts geschehen wäre, als wenn nicht wenige Schritte weiter hinten eine der höchstentwickelten gewerblichen Zivilisationen der Menschheit aufgebaut worden wäre. Diese Andersartigkeit ist geheimnisvoll und beunruhigend. Irgend etwas ist hier stehengeblieben. Eine Art geheimnisvoller Kraft – vielleicht Abwehr? – hielt den Mexikaner von jener Entwicklung ab, die sich in seiner Nachbarschaft abspielte.

Das Straßenbild ist völlig süditalienisch, es erinnert an Pozzuoli, die schmutzige Kleinstadt bei Neapel, dann auch an die Städte Kalabriens – aber es ist noch schlampiger, lärmender und bunter. In jedem Haus der Hauptstraße sind Anwaltsbüros, Lokalitäten, wo Männer mit düsterem Blick und fettigem Haar dem schriftunkundigen armen Volk Recht verkaufen. Die Hälfte der Einwohner sind nach amtlicher Feststellung Analphabeten. Dreißig Millionen Menschen sprechen Spanisch, einige hunderttausend radebrechen noch indianische Dialekte.

Die Männer tragen breitrandige Sombreros; ihr wolliges, fettig-schwarzes Haar quillt unter dem Hut hervor. Häufig sind die schiefäugigen, mongolischen, knochigen indianischen Gesichter. Die Frauen sind welk, ausgemergelt, vom Gebären verbraucht wie diejenigen in Süditalien. Die Älteren tragen ein schwarzes Brusttuch, mit dem sie auch ihr Haupt bedecken. Die Kinder laufen überall barfuß und wimmeln herum wie Sandflöhe. Die Sonne wärmt stark, in der Luft schweben Staub und Gestank. Die meisten Häuser sind schäbige Neubauten in der schnell verwitternden, billigen modernen Bauweise. Die Geschäfte sind voll von amerikanischer Konfektion; aber es gibt auch interessante Auslagen mit gebrannten mexikanischen Tongefäßen, mit Silberarbeiten und buntem Strohgeflecht. Die Männer blicken verträumt und erschöpft vor sich hin – die Frauen dagegen aufmerksam, aggressiv, auf jede Möglichkeit gefaßt.

Mit Mexiko habe ich etwas gemeinsam. Das spüre ich jetzt stark. In den früheren Jahrzehnten habe ich oft, manchmal mit einem Gefühl des Heimwehs, an Mexiko gedacht. Quetzalcoatl, der Herr der Schöpfung, und Huitzilopochli, der Kriegsgott, sind mir gute Bekannte, ich verwahre Kopien ihrer Figuren. Hier ist etwas Schlaffes, etwas Tödliches, Schwüles, Glühendes und Dampfendes. Das Leben ist hier billig, nicht nur in Peseten »billig« ... Wie manchmal zwanzigtausend Menschen gehorsam vor dem Opferaltar Schlange standen und

darauf warteten, daß aztekische Priester mit ihrem Stein-
messer Tausenden und Abertausenden Opfern das Herz
aus der Brust schnitten – immer Blut, lüsterner Tod. Was
geht mich das an? Ich weiß es nicht, aber spüre jetzt
stark diese Nähe.

Der Geruch in einem Autobus: Fleischgeruch, Fettge-
ruch, Ölgeruch, der tierhaft warme Geruch menschlicher Körper. Jeder Platz ist besetzt. An der Eingangstür
hängen die Menschen in Trauben. Ich sitze neben einem
jungen Mädchen mit schönem Gesicht, das ein englisches
Schulbuch liest und aus San Isidore kommt, wo es die
amerikanische Schule besucht. Es ist hübsch gekleidet
und gepflegt und hat schwarze Augen. Ich rede es an,
aber es blickt erschreckt und antwortet nicht: Sichtlich
ist es eine böse Ungehörigkeit, ein Mädchen anzureden.
Mehrere werden auf das Attentat aufmerksam, besonders Frauen. Unbequem sitzen wir in dem Stallgestank,
niemand spricht, nicht einmal die Kinder. Ich kenne diese
südliche Stille, diese tierhaft betäubte und gleichzeitig
elektrisch gespannte Trägheit. So lauert die Schlange in
der Sonne zwischen Steinen, jeden Augenblick bereit
zum tödlichen Sprung. Mein Nachbar zur Rechten, ein
junger Mann, spricht mich plötzlich grinsend an, holt
aus seiner Hosentasche Goldmünzen hervor, drückt sie
mir in die Hand und fordert mich auf, sie zu kaufen. Als
ich sie wortlos zurückgebe, grinst er und sieht starr vor
sich hin. Drüben, auf der anderen Seite der Schranke,
wäre eine solche Szene undenkbar.

Die Landschaft ist öde und hügelig. Eine Straße führt
über dreißig Kilometer zu dem nahen Badeort Rosarito.

Der Wagen fährt taumelnd zwischen den Felsen. Tote Steine aller Art, rostfarbene kahle Berge. In Rosarito ist das Hotel eine weißgekalkte, an eine arabische Moschee erinnernde Gebäudegruppe inmitten eines tropischen Gartens mit Palmen und Kakteen. Im Tor stehen bewaffnete Wachen, Soldaten. Diese schreien leidenschaftlich und jagen herum. In einem nahen, einer Drogene ähnlichen Geschäft erklären die Eigentümer – ein dickes mexikanisches Ehepaar – atemlos, daß in der vergangenen Nacht aus der Hauptstadt Mexiko City bewaffnetes Militär auf Kraftwagen in Rosarito angekommen sei, das Hotel erstürmt und umzingelt und jeden vor die Wand gestellt hätte, der sich im Spielsaal aufhielt, daß man den Spielern und Gästen, amerikanischen Touristen aus Hollywood, ihr Geld und ihre Schecks – etwa 40 000 Dollar – fortgenommen und dann eine regelrechte militärische Besetzung vorgenommen hätte: Jetzt schliefen die Gäste auf den Bakkarattischen und erwarteten den Staatsanwalt aus Tijuana, der über das Schicksal der Verhafteten entscheiden sollte, weil »das Hasardspiel verboten« sei. Diese Nachricht erheitert mich. Wäre ich in der vergangenen Nacht angekommen, wie ich es geplant hatte, dann hätten sie auch mich wie die übrigen, selbst die Zuschauer, eingesperrt.

Unterkunft finde ich in einem nahen Motel. Die Bauten an der Küste sind völlig ausgestorben. Ein Wärter und ein Hund begleiten mich in das Zimmer, das einen Steinboden hat und mit Erdgas geheizt ist. Vom Ozean her pfeift ein kalter Wind.

Abends zurück nach Tijuana. Die Lokalzeitungen in spanischer und englischer Sprache sehen in der Schlacht von Rosarito eine Sensation. Eine der Lokalzeitungen zeigt auf der Titelseite die geschädigten Touristen, wie sie auf den Bakkarattischen schnarchen. Ich blättere in einem Prospekt – ich habe mir ihn in Los Angeles verschafft –, wo der jetzt ebenfalls verhaftete Eigentümer des Hotels in Rosarito auf der Titelseite den Touristen verspricht: »Rosarito Beach! Where modern conveniences and Mexican old world charm are happily blended.« Die auf Eis gelegten Amerikaner werden wahrscheinlich über den »old world charm« anderer Meinung sein – hier, wo in dem nahen Las Vegas jede Variation des Glücksspiels in einem Großbetrieb offiziell stattfindet, ist die Husarenbravour der Mexikaner schwer zu verstehen.

Die Stadt ist nicht groß, aber so gedrängt voll wie das Armenviertel einer Großstadt. In den Abendstunden ist sichtlich alles auf der Gasse. Die Szene wirkt wie die Kopie eines Straßenbildes aus Neapel oder Sizilien: Maultiergespanne, in den Schaufenstern Figuren der Jungfrau Maria und Votivlämpchen. In einer Markthalle türmen sich Haufen von tropischen Früchten und Gemüsen mit Dschungelgeruch, Blumen, durchdringend, betäubend duftend, wahnsinnig bunte Blumen. Eine Barockkirche, weit und von einer Kuppel überdacht, mit schneeweißer und lichtblauer Wandbemalung, ist sauber gefegt, gewaschen und reinlich. In den Mauernischen stehen bedauernswerte bunte Heilige. Die Gläubigen schreiten hier nicht, sondern gleiten auf Knien über den Steinboden.

Sonderbare Blicke: Eine alte Indianerin mit schwarzem Tuch sieht mich mit brennenden Augen wild und düster an, als ich vor einem Nebenaltar stehenbleibe.

Auch anderwärts, draußen auf der Straße und in den Geschäften, ist der Blick der Frauen schonungslos und fordernd. Nicht nur die jungen Frauen haben einen tierhaften und unmißverständlich reißenden Blick, auch die alten beobachten so unter ihren Kopftüchern hervor, deren Ecke auf ihrer Brust liegt, mit der ständigen Bereitschaft der Kreatur, jede Möglichkeit wahrzunehmen und jeden Brocken aufzugreifen ... Aber aus diesem rohen Blick spricht nicht Gewinnsucht. Wenn Menschen alter Kultur so fordernd, beobachtend blicken, dann lauern sie nicht auf Gewinn, sondern auf die Chance.

In den abendlichen Gassen ist der Lärm südlich, lateinisch, johlend. Gleichzeitig ist in dem Gewühl, in dem Blick der Menschen, in dem bunten Wirrwarr etwas von Hoffnungslosigkeit und Selbstvergessenheit. Man ist höflich und lächelt immer; aber dann sind die Blicke plötzlich dunkel und ärgerlich; nur die Lippen lächeln, die funkelnden, ernsten Tieraugen niemals. Doch hinter dem ganzen schmutzigen, lärmenden Gedränge ist irgendeine heidnische, lateinische Herrschaftlichkeit. Und alles übertönt jener merkwürdige »Todesgeruch«, von dem Lawrence spricht.

Priester sind hier nicht zu sehen, nicht einmal in der Gasse. Dieses tief abergläubische und katholische Volk ist ernsthaft antiklerikal – wie in Süditalien.

Im Gasthaus spielen fünf wie Toreros gekleidete Troubadoure auf einem Saiteninstrument ein Musikstück, *Danza de Los Viejitos*, eine schleppende Melodie, die *Tanz der alten Herren* genannt wird. Die Grundelemente eines mexikanischen Abendbrots sind schwer zu unterscheiden, denn die brennenden, beißenden Gewürze vernebeln alles: Fisch, Fleisch, Gemüsebrei, alles brennt im

Mund, als schlucke man Feuer. Der Wein ist eine Art Riesling, reif und leicht, von reinem Geschmack.

Gegen Mitternacht halten auf den Gassen von Tijuana die Prostituierten eine richtige Inspektion. Schwer kann man die Taxichauffeure loswerden, aber es erscheint doch zweckmäßiger, den mitternächtlichen Autobus abzuwarten, weil es nicht sicher ist, in der tiefdunkeln, nicht einmal mondbeschienenen Bergstraße mit dem Taxi zu fahren. Gegen Mitternacht kommt der schmierige, unbeleuchtete Wagen. Gestalten, die an Lumpenbündel erinnern, schlafen auf den Sitzen. Die halbstündige Fahrt geht durch eine dunkle und leere Gebirgslandschaft. Rosarito ist pechschwarz, aber in der Richtung des Hundegebells gehend, finde ich die Unterkunft. Das Zimmer ist eiskalt. In einer Ecke steht auf dem Steinboden ein Erdgasofen. Aber der platzt eher, als daß er wärmt.

Morgens weckt mich Sonnenschein geradezu schreiend. Ich vergaß, den Fenstervorhang herabzulassen, und die Januarsonne schwingt sich vom Ozean her wie ein Peitschenschlag. Unmittelbar vor der Tür tost die morgendliche Flut des Stillen Ozeans, der Wellenschlag spritzt Schaum auf die Schwelle. Das Licht ist so wild, daß ich in den Schatten zurücktreten muß – es brennt mir in den Augen.

Die Küste ist öde. Nur einige Palmen und Lehmhäuser stehen hier. Die Sonne sengt bereits in der Frühe, aber der Wind und der Atem des Ozeans prickeln kühl wie eine kalte Brause im gutgeheizten Badezimmer. Im leeren Speiseraum des Hotels ermuntert mich ein alter, bebrillter, brummender und watschelnder chinesischer

Koch freundlich, zu essen und zu trinken, wonach es mich verlangt, seine Küche sei sauber, man brauche die »Rache Montezumas«, die Darminfektion, die die Ausländer bedroht, nicht zu fürchten. Er ist ein erfahrener Mann, der weiß, warum die Touristen die Erzeugnisse mexikanischer Felder fürchten, die mit Menschenkot gedüngt sind. Der Koch lächelt höhnisch, als ich ihn beruhige, ich zweifle nicht an der Sauberkeit seiner Küche, aber die Fliegen kennen in Mittelamerika immer noch nicht die hygienischen Vorschriften und beschmutzen mit ihren ansteckenden Ausscheidungen alles, nicht nur Früchte und Saat, sondern auch Eiswürfel. Er zuckt die Schultern, als wollte er mit den zähen menschlichen Vorurteilen nicht streiten. Und er bietet ein ausgezeichnetes Frühstück, dessen Gefahrenkomponenten nicht übertrieben groß sind.

Mag sein, daß er recht hat, wenn er so höhnisch lächelt. Aber es mag auch sein, daß die amerikanischen Behörden recht haben, wenn sie die Touristen an der Grenze Mexikos auf Tafeln warnen, es sei verboten, rohe Früchte und Gemüse aus Mexiko in das Gebiet der Vereinigten Staaten mitzubringen. Der menschliche Organismus erzeugt Antitoxine gegen jede Ansteckungsgefahr – doch gehört Zeit dazu. Nicht nur rohes Gemüse und Früchte stecken an, sondern auch Ideen, fixe Vorstellungen, krankhaft manische Anschauungen. Gegen diese aber sind Antitoxine bereits schwerer zu erzeugen.

Der Hund des Hotels wartet vor der Tür und heftet sich an mich. Den ganzen langen Vormittag, aber auch den Nachmittag über begleitet er mich an der Küste. Es ist ein kleines räudiges Tier, froh und flink mit klugen Augen. Dieser Hund ist mein einziger lebender Bekannter in Mexiko und ein guter Gefährte. An der Ozeanküste begegnen wir niemandem. Vor dem Hotel stehen noch immer in lächerlich grimmiger Bereitschaft die bewaffneten mexikanischen Soldaten und bewachen die Gefangenen vom Bakkarattisch.

Mit dem Hund spaziere ich weit an der Küste entlang in Richtung auf Ensenda, eine nahe größere Ortschaft. Gegen Mittag läßt die Flut nach. Stundenlang sitze ich im Schatten eines Sandhügels an dem leeren Strand; der Wellenschlag wirft ständig neue Muscheln und Schalen krepierter Meerspinnen, seltener Krustazeen an das Ufer. Vergnügt spielt der Hund mit den Muschelschalen und den Krebspanzern. Dann setzt er sich neben mich und beobachtet lange und bewegungslos den Stillen Ozean, diese ständige Bewegung, diese grausam und stur konsequente, ungeschlachte und immer weiche Kraft, die wuchtiger ist als alles feste Material.

Kleine Wasservögel kommen mit der Ebbe, sie picken und suchen in dem durchnäßten Küstensand. Im Hintergrund sieht man kahle, verkarstete Berge. Die Sonne scheint, aber die Hitze brennt nicht, sondern wärmt eher wie eine leichte Flanelldecke. Es ist nicht schlecht hier in Mexiko. Nach den amerikanischen Jahren spüre ich seit vierundzwanzig Stunden zum erstenmal, daß ich nicht zwischen Proletariern lebe und daß dieses nordamerikanische Proletariertum mit seinem außerordentlich hohen Lebensstandard eine merkwürdig beunruhigende Erscheinung ist. Proletarier und abenteuerlustige Pioniere haben Amerika in Besitz genommen, aber hier war der Proletarier seit Jahrhunderten ein armes kämpfendes Wesen, das unter schweren Lebensbedingungen einen Kontinent erschlossen hat. Die durch die industrielle Revolution blitzschnell erzeugte Zivilisation hat plötzlich alles geändert: An die Stelle des Pionierproletariers trat in den Vereinigten Staaten der Parvenüproletarier, der sich in die großen Autos setzte, dessen Haus große Organisationen mit – auf Kredit gekauften – Kühlschränken und Fernsehgerät volluden, der protzig, zugleich aber bedrängt und unruhig sein Kreditleben zu führen begann. Hier, in Mexiko, gibt es Bettler, aber keine Proletarier. Der Besitz als Tatsache stellt den sozialen Unterschied zwischen dem Besitzer und dem Peon dar – und dieser Unterschied ist groß –, aber die menschliche Trennungslinie ist verwaschen. Das spüre ich zum erstenmal seit Jahren.

Nachmittags gehe ich durch die Siedlung, immer in Begleitung des Hundes. Das Tier hat sich jetzt bereits gewissenhaft wie ein Cicerone, der immer etwas zeigen möchte, an mich geklammert und begleitet mich überallhin. Aus einer Schule, deren Fenster zerbrochen sind, springen Mädchen und Jungen hervor wie Wüstenflöhe aus dem Sand. Was für Unterricht wird in diesen Schulen geboten? Die Mehrheit der Bevölkerung des großen Staates ist unwissend. Das ist das zweite Antlitz der großen zeitgemäßen Frage: Kann man in der vermaßten Welt mit anderen Methoden erziehen, als sie die Demokratien anwenden? Kann man innerhalb des stolzen und individuellen Bettlertums vollwertiger Mensch bleiben?

Ein alter Mann im Sombrero führt mich an das Ende des Dorfes, wo das Postamt in einer Bretterbude tätig ist. Es ist eine Art Privatpost, wie sie es auch mehrfach in Süditalien gibt. Die dicke Frau und der dunkelhäutige Mann, die hinter ihrem Pult amtieren, sind sehr höflich, haben aber nicht die geringste Vorstellung, welche

Marke man für eine Luftpostansichtskarte nach Europa braucht. Schließlich kleben wir einige Marken auf gut Glück auf. In solchen Augenblicken spürt man deutlich, wie fern von hier in Wirklichkeit Europa ist.

Zurück nach Tijuana. Im Tageslicht, in der Nacktheit der Alltagsroutine, zeigt diese elektrisierte, cocacolasierte und mit der konventionellen amerikanischen Fassade gesalbte Grenzstadt unverhüllt, was die Lichter der Nacht herausfordernd überpinselt haben: nämlich wie wenig sich das Leben im Lauf der vergangenen Jahrhunderte in seinem Wesen geändert hat. Der Peon, jeder Mensch hier, lebt noch immer tief in jener ohnmächtig-hoffnungslosen Erschlaffung, die das dicke Blut alter Rassen und die Mischung zwischen dem Klima und der spanischen Krankheit »mañana« heraufbeschwören und der man schwer entgehen kann. Der Sinn des spanischen Wortes »mañana« ist: »morgen«! Das ist die indianische und auch spanische Krankheit, etwas wie kaltes Morphium ... Diese ohnmächtig-unfähige Geste, mit der man in entscheidenden Augenblicken anstatt einer Tat antwortet – sie ist gefährlich.

In den vergangenen Jahrzehnten ist hier in Mexiko viel geschehen; eine Art Revolution hat das Land aus der Feudalverfassung herausgelöst, nicht aber aus dem alten Lebensgefühl. Für diese Leute ist das Heute keine Wirklichkeit, noch immer vertrauen sie die Politik, die Bildung, die schöpferischen Unternehmungen dem morgigen Tag an. Der Peon, der verschuldete eingeborene Leibeigene, kam dank der Bodenreform zu Land, das er nicht modern bewirtschaften konnte – nach amtlichem Eingeständnis war die Bodenreform in Mexiko ein sozialer und wirtschaftlicher Fehlschlag. Gleichwohl geschieht auch hier einiges – aber ohne die organisatorische und technische Kraft des Westens ist es sehr schwer, das Leben in zurückgebliebenen Gebieten binnen kurzer Zeit zu ändern.

Im funkelnden Licht geht es zwischen sorgsam bestellten Feldern zurück in die Vereinigten Staaten. Ich will noch einmal nach Mexiko gehen, hinauf ins Gebirge, in das echte Mexiko. Aber jetzt freue ich mich doch, wieder hier zu sein, im sauberen, gekühlten Autobus, bei stillen Reisegefährten, zwischen schönen Wohnhäusern, in den Gaststätten an der Straße Wasser zu trinken und Früchte zu essen, das Schützende und Bewahrende einer Zivilisation zu verspüren. Es ist ein gutes Gefühl, aus dem schönen, wilden, hochmütigen und gefahrvollen Mexiko in die Vereinigten Staaten zu kommen, wo einige starke Männer in dem vergangenen Jahrhundert unter schwersten Bedingungen jenes Lebensniveau geschaffen haben, das die Einheimischen Mexikos in den letzten Jahrhunderten nicht verwirklichen konnten.

San Diego

Die Stadt beruhigt und stimmt vom ersten Augenblick an fröhlich. Sie ist nicht groß mit ihrer halben Million Einwohner, also von menschlichem Zuschnitt und übersehbar. Genau vor neunzig Jahren, 1869, nach der spanischen und mexikanischen Herrschaft in der Anfangszeit der Union, veranstaltete ein amerikanischer Pionier hier eine Volkszählung. Viel hatte er dafür nicht zu tun: Die Einwohnerzahl der Siedlung betrug insgesamt zwölf. Dieses Dutzend Ureinwohner und der amerikanische Pionier – es war ein Unternehmer namens Horton – entschlossen sich, eine Stadt zu gründen. Zwei Jahre später begannen sie bereits die erste Eisenbahnstrecke zu bauen.

Die Luft ist kühl, mild und salzig. An den breiten Hauptstraßen liegen große, aber nicht prunkhafte Geschäftshäuser, ringsum auf den Hügeln sehr gefällige, elegante Wohnviertel wie in einer Residenz. Es ist die erste amerikanische Stadt, wo alles irgendwie erreichbar und wohltuend nahe ist. Auffallend sauber sind Straßen und Geschäfte – und dazu alles südlich elegant wie in Palermo. Aber hinter der konventionellen amerikanischen Fassade wirkt San Diego spanischer als San Francisco.

Hinauf in den Balboa Park. Über der Stadt und der Bucht steht in dem großen Park mit seinen Palmen und

Tannen eine große Gebäudegruppe im spanischen Stil,
Paläste mit Arkaden. In einer amerikanischen Stadt ist
das eine Seltenheit: Die Bauten, die einen Stil ausdrük-
ken wollen, sagen über das Nützlichkeitsprinzip hinaus
etwas Überflüssiges, sie bedienen sich des ornamentalen
Luxus. In dem schattigen großen Park birgt die arkaden-
geschmückte Reihe von Palästen in spanischer Renais-
sance-Museen.

Das Museum der Bildenden Künste ist eine der am
glücklichsten eingerichteten Ausstellungen in ganz Amerika. Es ist nicht so reich wie das in New York oder in
Washington, aber proportioniert und ausgewählt. Die
Anordnung ist taktvoll, ohne jede Prunksucht. An den
Wänden hängen seltene und gut ausgesuchte Meisterwerke, viele Flamen, aber auch Werke von Goya, El
Greco, Tizian und Rembrandt. Im Park gibt es kühle und
duftende schattige Plätze.

Im »Café del Rey Moro«, einem kleinen Renaissance-
palais, befindet sich hinter seltenen Büschen und dem
edel geformten Steintor ein stiller Patio. Hier herrscht
lautlose Höflichkeit, das Bedienungspersonal ist nach
spanischer Art stumm und aufmerksam. Es gibt guten
Tee, dazu stille Kühle, Pflanzenduft und Zeit – man treibt
die Gäste nicht. Hier an der Küste des Stillen Ozeans
meldet sich Europa ganz still und sagt etwas aus.

In einem mit Magnolien bestandenen Winkel des
Parks entdeckte ich eine Gruppe einstöckiger Gebäude,
die an Lebkuchenhäuser erinnern. Jedes von ihnen hat
einen Vorgarten, dann folgen ein Vorzimmer und ein weiterer, nicht sehr großer Raum. Die Einrichtung umfaßt
hier und da ein Klavier, Stühle, manchmal eine Espresso-
maschine. Eine Tafel verkündet, daß dies das »House of

Pacific Relations« ist. Das doppelsinnige Wortspiel wird hier zur Wirklichkeit. An der Eingangstür eines jeden Hauses hängt die Visitenkarte einer anderen Nation: China, Tschechoslowakei, Dänemark, England, Finnland, Frankreich, Schottland, Schweden, Ungarn, Israel, Norwegen, Polen, Jugoslawien. Und die zugewanderten Nordamerikaner, die sich in San Diego und seiner Umgebung niedergelassen haben, besuchen am Sonntag die kleinen Häuser des Cottage, wo Vorträge, Musik, schwarzer Kaffee und Gedankenaustausch geboten werden. Dieses »Heim friedlicher Beziehungen«, diese symbolische Stätte der Befriedung, wurde von einem Kalifornier namens Frank Druggar gegründet. Der Europäer, der nachsichtig, vielleicht sogar verächtlich lächelt, wenn er dieses fromme Experiment einer Befriedigung der Menschen im Stile von Gesellen- und Gesangsvereinen sieht, befindet sich im Irrtum, wenn er nachsichtig oder abschätzig lächelt.

Tafeln, die neben den Eingangstüren der kleinen Häuser an der Wand hängen, sagen, daß diese Häuser und die hier veranstalteten Zusammenkünfte »living symbol of the vitality of a vibrating with the lifeblood of many lands and owing loyalty to one flag and one country« sind. Jetzt, am Abend des Wochentags, sind die Häuser völlig leer. Die kleinen Gärten, die sie umgeben, sind gepflegt. In den Pavillons der einzelnen Nationen stehen, an die Wand gelehnt, amerikanische Flaggen – und daneben findet man charakteristische Gegenstände der Volkskunst des jeweiligen Landes.

In all dem ist etwas Dilettantisches, aber auch etwas von Idealismus, der – jenseits der auffallenden Erscheinungen des Massenlebens und der Weltanschauung des

Profits – in Amerika überall wahrnehmbar ist. Das ist der Geist der Toleranz und disziplinierter Zusammenarbeit, das wahre Geheimnis der schnellen und unvergleichlichen Entwicklung Amerikas. »The lifeblood of many lands ...« – dieser Blutkreislauf belebt den großen Körper. Die vielen Rassen, die Bereitschaft, sie zu empfangen und zu verschmelzen, die gemeinsame Idee, einen Kontinent zum Vaterland verschiedener Rassen zu machen: das ist der wahre Sinn der Größe und Sendung Amerikas.

All das wirkt hier, an der Küste des Stillen Ozeans, in dem schönen Garten weder provinziell noch naiv. Wer sich ausschließt, wer sich absondert, wer seine Rasse betont, verkümmert immer – nur der kann leben und groß sein, der die Welt in sich aufnehmen kann.

Morgens – es ist Ende Januar – leuchtet die Landschaft in funkelnden Strahlen und lebhaften Farben. An dem Ufer der Bucht steht eine große Menschenmenge in dichten Reihen: Man bewundert einen schönen, weißen Maschinenvogel, das neue Passagierflugzeug mit Düsenantrieb, V 880, hergestellt von der Flugzeugfabrik Convair, bei seinem ersten Probeflug. Der große Körper, der hundertzwanzig Passagiere über den Kontinent und über den Ozean nach Europa bringen soll, erhebt sich unglaublich schnell und leicht in die Höhe mit dem anmutigen Flügelschwung eines Reihers. Über der Bucht beschreibt die Maschine langsam einen Kreis zur Begrüßung, dann verschwindet sie in der Unendlichkeit des Ozeans und des Luftraums.

Dreißigtausend Arbeiter arbeiten in der hiesigen Flugzeugfabrik, die diese Maschine erbaute. Das große Werksgelände ist auch hier nur einstöckig, die Industrieorganisationen breiten sich in den Vereinigten Staaten horizontal aus. Am Hafenkai weist eine Tafel darauf hin, daß eine Ecke des Broadways in New York, der Times Square, genau dreitausend Meilen von hier entfernt ist. Den Ausmaßen des amerikanischen Raums fehlt der provinzielle Maßstab. Diese weiße Maschine und ihre am Laufband hergestellten Gefährten transportieren in den nächsten Monaten fahrplanmäßig Reisende von hier, nach der Küste des Atlantischen Ozeans, in die Nähe des Broadways von New York, und sie legen diese Entfernung in vier Stunden zurück. Vor zweiunddreißig Jahren wurde hier, in San Diego, die Maschine Lindberghs, die »Spirit of St. Louis«, zusammengeflickt, mit der dieser Vogelmensch zum erstenmal den Ozean überflog.

Im Leben der Einheimischen ist das ein großer Moment. Die Masse staunt, schweigt und ist ergriffen. Mein Nachbar in der Menge, ein Agent mit bunter Krawatte, kann morgens von hier nach New York fliegen und bereits wieder abends in San Diego sein. Das Dutzend Menschen, das vor neunzig Jahren hier herumstreifte, konnte einen solchen Augenblick nicht einmal erträumen ... Lindbergh überflog den Ozean in dreiunddreißig Stunden. Ich war damals auf dem Flugplatz bei Paris, als er ankam, sah ihn aus seiner Maschine aussteigen und hörte, wie er Herrick, den amerikanischen Botschafter, fragte: »Ich bin Lindbergh – wo bin ich?«

Hier in der Bucht von San Diego, wo die wacklige einmotorige Maschine Lindberghs ihre ersten Probeflüge unternahm – sie hatte weder Radio noch Radar –, kann ich, der Zeitgenosse, der alles das aus nächster Nähe sah und erlebte, in dem Augenblick, wo die Convair-Düsenmaschine in der blauen Tiefe der Luft verschwindet, die Bedeutung von Daten und Zahlen kaum noch unterscheiden. In den vergangenen Jahren, in diesen drei Jahrzehnten, die zwischen dem Vogelflug Lindberghs und dem Start der Convair-Maschine verstrichen sind, gewann die Transportflugmaschine eine Mehrgeschwindigkeit von 800 Kilometern stündlich. In diesen drei Jahrzehnten haben wir, die Zeitgenossen, in tragischem und optimistischem Sinn, die praktische Möglichkeit erworben, den Luftraum über der Erde und vielleicht noch mehr in Besitz zu nehmen. Wir haben Macht über Zeit und Raum ... Das ist ein großes Geschenk und eine große Gefahr. Das spüre ich unmittelbar in diesen Augenblicken in der Bucht von San Diego.

Mount Palomar

Am frühen Morgen geht es hinauf in die Berge zum Observatorium von Palomar. Es ist schwebender, schleierartiger Sonnenschein, der Ozean und die Berge schimmern. Das Klima von San Diego ist das gleichmäßigste in ganz Amerika.

Es geht durch das Mission Valley, jenes Tal, wo die Padres der San-Louis-Rey-Mission und dann der berühmten Pala-Mission vor zwei Jahrhunderten für die Indianer die ersten landwirtschaftlichen und hausgewerblichen Schulen erbaut haben. Ein großer paradiesischer Garten erstreckt sich zwischen dem Ozean und den Bergen von drei bis vier Kilometer Höhe. Die hohe Bergkette schützt das Tal vor den pfeifend wilden ozeanischen Luftströmungen, die über die Sierras, die fernen Gipfel, dahingehen. Im Tal aber wuchern meilenweit Orangen, Zitronen, Avocados, hier und dort auch Trauben und Feigen und auch sonst Südfrüchte aller Art.

Über den San-Louis-Rey-Fluß – der Name erinnert an den Titel des schönen Romans von Thornton Wilder, dessen Handlung in Peru spielt – geht es durch die Straßen des windgeschützten Tals. Im ganzen Jahr übersprüht morphiumartiger Sonnenschein die Landschaft. Hier stehen spanische Wohnhäuser, Ranchos, mit anspruchslosem Äußeren, aber mit sichtlich großem Luxus gebaut, mit gekacheltem Schwimmbad und Garagen für viele Autos ... Es sind die Wohnhäuser der Obstzüchter. Da ist ein Garten, wo man ganze Waggonladungen von Orchideen zieht. Südliche Bäume, schreiend bunte Blumen, und über allem das zitternde, flimmernde Licht. Eine Ortschaft in dem stillen, zu einem Garten Eden gereiften, schwülen und duftenden Tal ist Escondido; hier windet sich die Straße auf die Berge hinauf.

Die Bergstraße ist schmal und improvisiert. Ein Teil des Gebirges ist verkarstet, dann erscheinen die Tannen. Die Luft kühlt sich überraschend ab, nach der Glashaushitze des Tages macht diese Kälte erschauern, man muß den Mantel anlegen. In zweitausend Meter Höhe ist die Luft eisig und kristallklar. Über dem Ozean und unter dem bleichblauen Himmelsgewölbe glänzt in der klaren reinen Luft, wo die Atmosphäre kaum noch Dunst enthält, an einer Biegung plötzlich eine mächtige Silberkuppel im Sonnenschein.

Die Silberkuppel, dieser Aluminiumturm, funkelt in der Lichtflut des Berggipfels. Sie ist wie die Kuppel eines heidnischen Gotteshauses. Die Ansicht und Atmosphäre sind nicht mehr irdisch im horizontalen Sinn des Wortes. Menschen kamen hier auf den Berg, hoch über dem Ozean, und bauten in der reinen Bergluft aus Aluminium und Glas diesen Aussichtspunkt, von dem aus der Mensch – mit modernen astronomischen Instrumenten, mit der Spiegellinse von fünf Meter Durchmesser, dem Radioteleskop und dem Radiospektroskop – tiefer in den Weltraum hineinsehen kann als je zuvor.

Ich schlage den Mantelkragen auf, setze mich auf eine Treppenstufe des Vorraums der Silberkuppel in dem kalten Licht und rauche eine Zigarette. Das ist einer der Augenblicke, wo sich lautlos etwas im Leben eines Menschen ändert – nicht nur in meinem Leben ... Auch ohne

Instrumente sah der Mensch weit in die Welt hinaus. Im Museum von San Diego hängt das Porträt von Galilei, es ist kein bedeutendes Bild, wohl eine italienische Schülerarbeit. Dieses Bild am Fuß des Observatoriums des Palomargebirges zeigt das Antlitz eines Menschen, der sozusagen ohne Instrumente, nur mit einem primitiven Handfernrohr, das All beobachtet und ein Weltbild geschaffen hat, das lange gültig blieb. Aber wie das ptolemäische, also geozentrische – und anfänglich egozentrische – Weltbild in dem Augenblick zunichte wurde, als Kopernikus, Tycho Brahe, Kepler und Galilei das heliozentrische Weltbild schufen, so wurde dieses heliozentrische Weltbild in dem gleichen Augenblick zunichte, als die neuzeitliche Astronomie und Kosmologie in dieser Sternwarte auf der Höhe des Mount Palomar und in der Perspektive des nahen Mount Wilson und noch einiger ähnlicher Beobachtungsstätten mit Hilfe neuer empfindlicher Instrumente feststellte, daß die Welt kein »Zentrum« hat – und wenn sie eines hat, dann kann es nur Gott sein. An der Stelle des geozentrischen und des heliozentrischen Weltbildes schuf man hier, auf diesem Berg, und noch in einigen anderen solchen Kuppeln ein Weltbild, das einzelne heute exzentrisch nennen. Andere werden es vielleicht eines Tages theozentrisch nennen.

Das ist der Ort auf dem Gipfel des Mount Palomar, einer der seltenen Aussichtspunkte, wo der Mensch sozusagen mit einem Fingerdruck einige Wirklichkeit aus dem Weltraum erfuhr.

In dem kalten Wind und dem scharfen Licht sitze ich lange vor dem Eingang der Kuppel auf der Treppenstufe. Besucher und Angestellte kommen und gehen, alle sind stumm. Touristen kommen hier selten her, Mount

Palomar ist keine Sehenswürdigkeit für Fremde. Die sich aber auf der kurvenreichen Bergstraße hinaufbegeben, wissen und spüren – wie auch ich weiß und spüre –, daß man hier nicht nur etwas »sieht«, sondern daß in diesem Augenblick und an dieser Stelle etwas »geschieht«: Der Mensch sucht seinen wirklichen Platz in der Welt zu finden.

In der Nachbarschaft der Kuppelhalle steht ein kreisförmiger Bau, ähnlich einem kleinen Museum. In dem kreisförmigen Saal des erdgeschossigen Gebäudes zeigt man an den Wänden einige scharfbeleuchtete photographische Platten. Diese Photographien wurden mit Hilfe der großen Spiegellinse hier, im Observatorium von Palomar, hergestellt. Jeder hier geht wortlos auf Zehenspitzen durch den Saal.

Die durchleuchteten Photographien zeigen Nebelflecken, die schweben und im Zustand des Zerfalls oder der Verdichtung sind – einige sind dünner, andere gesättigt mit Sternkörpern von starker Leuchtkraft. Diese Licht- und Nebelflecken sind die Galaxien, die kosmischen Gebilde, die wir Milchstraße nennen und die wie Trauben im Weltraum zusammenkleben. Jede solche Galaxie umschließt Milliarden und Milliarden von Sonnensystemen, die dem unseren ähneln, und von diesen Galaxien gibt es wieder Milliarden und Milliarden im Weltraum.

Die Photographien sind scharf wie zum Greifen. Sie geben Kunde von den ständigen Hydrogenexplosionen, dem Prozeß kosmischer Paarung und Leidenschaft, diese – im überirdischen Sinn – fast pornographischen Photographien. Das Leben entsteht, wie diese Bilder zeigen, aus der Leidenschaft – das kosmische Leben nicht anders als das biologische. Einzelne Galaxienkörper umarmen sich, verflechten sich miteinander und zucken in Leidenschaft. Die großen Lichtkörper des Weltraums ziehen einander an und stoßen sich ab.

Die Anhänger von zwei Theorien, der Theorie von der Evolution und von dem Steady State, der Stabilität, streiten sich in der Ausdeutung dieser Aufnahmen um den Ursprung der Welt: Ein Gelehrter der Observatorien von Mount Palomar und Mount Wilson, George O. Abbel, hat ein aus 2700 solcher Galaxien geschaffenes kosmisches Phänomen katalogisiert und teilweise aus der Lichtstärke der Galaxien, teilweise aus den Zahlendaten der die Galaxien schaffenden Sternkörper jeweils das Lebensalter und die materielle Dichte einer kosmischen Traube klassifiziert. Abbel entschied sich für die Evolutionstheorie. Sie wurde auch von der Mehrheit der zeitgenössischen Kosmologen, so auch von dem Berliner Kurt Just, angenommen: Der Ursprung der Welt war danach eine Explosion, die eine Materie, die dichter als alle anderen war, in Teile zersprengt und dann dieses Material mit der Zeit in Form von Galaxien in verschiedenen Proportionen verteilt und im Weltraum angeordnet hat.

Die Anhänger der »Stabilitätstheorie« sind anderer Meinung: Ihre Hypothese ist, daß die Verteilung der Materie im Weltraum zu aller Zeit und in jedem Raum ständig und gleichmäßig ist.

Kalypso erzählte das dem Telemachos einfacher, als der Sohn des großen Irrfahrers sie besuchte, um von den rätselhaften Erlebnissen seines Vaters und von dem Ursprung der Welt durch die mitteilsame und eingeweihte Göttin etwas Wahres zu hören:

»Der Ursprung der Welt ist wirklich eine einfache Geschichte«, plauderte die Nymphe. »Sogar ein Kind versteht sie. Am Anfang war die schwarzflügelige Nacht, also die Schöpfung des Chaos, Erebos und Tartaros. Die Nacht gebar ein Ei, dem der goldflügelige Eros entkroch. Die Schalen des zerbrochenen Eis bilden Himmel und Erde. Ich hoffe, du verstehst?« fragte sie freundlich.

Kalypso war also Anhängerin der Evolutionstheorie wie der Abbé Lemaître, der glaubte, daß die Welt ihren Anfang in einem umrissenen Augenblick vergangener Zeiten hatte und sich – in unendlicher Perspektive und unendlicher Zeit – im Weltraum ausgedehnt hat. Die Anhänger der »Stabilitätstheorie«, so auch der Engländer Fred Hoyle, glauben, daß der Prozeß der Schöpfung ständig und zeitlos vor sich geht, Sterne und Galaxien erschaffen sich selbst in einem endlosen Prozeß aus dem Urelement, und dieser ständige Prozeß hatte niemals einen Anfang und wird niemals ein Ende haben.

Aber die Wahrheit ist – hier, auf dem Gipfel des Mount Palomar kann man das klarer sehen und spüren –, daß »im heutigen Augenblick« diejenigen recht haben, die glauben, daß es keine wissenschaftliche Methode gibt, um zu entscheiden, welche der beiden Theorien die Wahrheit sagt.

Ein ausgezeichnetes Buch, das ich auf die Reise mitgenommen habe, ein Buch des englischen Physikers A. C. B. Lovell – der Verfasser ist Professor der Radioastronomie an der Universität Manchester –, analysiert »die Beziehungen zwischen Weltraum und Individuum« und erklärt, daß das optische Teleskop hier auf dem Gipfel des Mount Palomar den Phänomenen des sich erweitern-

den Weltraums »nur« aus einer Entfernung von zweitausend Millionen Lichtjahren folgen kann. Das ist die
oberste Grenze, bis zu der die optische Beobachtung in
den Weltraum zu dringen vermag.

Aber es gibt Anzeichen dafür, daß Radioteleskope
auch über diese Grenze der optischen Beobachtungen
hinaus kosmische Phänomene im Weltraum wahrnehmen können, und Lovell glaubt, die oberste Grenze dieser
Wahrnehmung durch Radio sei zehntausend Millionen
Lichtjahre. Darüber kann der Mensch seine Fühler nicht
in den Weltraum hinausstrecken, und die beiden Auffas-
sungen über den Ursprung der Welt bleiben unbewiesen.
Da fällt mir ein schönes Wort von Eddington ein – ähnlich dem Weltbild Schopenhauers von den »zurückweichenden Horizonten« –, das besagt, »das Licht gleicht
dem Läufer, der auf einem unendlichen Feld einem Zielpunkt entgegenjagt, aber dieser Zielpunkt entfernt sich
immer schneller, als der Läufer läuft«.

Lovell glaubt, daß dies für die Anschauung und Erfahrung des Menschen der Augenblick ist, wo dieser den
physischen Raumbegriff verläßt und gezwungen ist, in
den Raumbegriff der Metaphysik und der Theologie
überzugehen. Während ich in dem museumartigen Saal
vor den beleuchteten Himmelsbildern umhergehe, ist
mir, als verstünde ich etwas neu. Entweder ist Gott,
oder es gibt ihn nicht. Aber Gott kann nicht Bestandteil
eines Raumbegriffes sein. Daher hat die Welt kein »Zentrum«, die Welt »ist nur«. All das ist »logisch« …
aber anders logisch vor diesen Photographien, als der
Mensch bisher logisch war. Zu der euklidischen Geometrie gehörte noch eine euklidische Logik. Diese Logik
ist im Raumbegriff der ständig zurückweichenden und

ständig sich erneuernden Galaxien genauso wertlos wie die euklidische Geometrie.

Die These von Helmholtz, das Prinzip von der Erhaltung der Energie, ist nach dem Beweis dieser Photographien richtig: Energie kann man nicht erzeugen noch vernichten; die Materie formt sich ständig in Energie um, und die Energie verdichtet sich wieder zur Materie. Dies ist das Gesetz: »Es gibt keinen Tod, sondern nur Veränderung« – das geheimnisvolle Gesetz des heiligen Paulus. Diese Photographien, die nicht Momentaufnahmen sind – das »Big eye«, die Riesenlinse, beobachtet manchmal tagelang einzelne kosmische Formen der Himmelslandschaft, bis sie unter schwieriger Beobachtung der vieltägigen Belichtungen etwas von dem pausenlos entstehenden und sich bildenden Weltbild festhalten und in wahrnehmbarer Form fixieren kann –, sie zeigen Licht- und Nebelkörper, die miteinander kämpfen und sich ineinander verstricken. Eine Galaxie ist wie eine zuckende Gebärmutter in dem Augenblick, wenn sie eine Welt gebiert. Die meisten Nebelbilder sind leuchtend, alle leidenschaftsvoll – der Krampf, das Zucken der Leidenschaft, der Ausdruck der tiefsten Erregung auf diesen Bildern.

Hier ist auch die »Kartothek«: die Porträtsammlung der Welt und das Archiv der Fingerabdrücke und Fußspuren des Kosmos. Zwischen dem Kosmos und dem Chaos gibt es – diese leidenschaftlichen Aufnahmen zeigen das – keine wirkliche Entfernung: Das eine ist, so scheint es, Vorbedingung und Folge des anderen. Es gibt eine Art himmlischer Dialektik im Weltraum.

Aber die griechische Sprache ist logisch: »Kosmos« ist Harmonie, Schönheit – »Chaos« dagegen Wut, Verwirrung, Mißverständnis. Was »geschieht« wahrhaft im Weltraum? Gibt es in dem Begriff des Zusammenspiels von Kosmos und Chaos eine »Handlung«? Wir, die wir hier im kreisförmigen Raum sind, stehen zitternd an der Schwelle eines neuen Weltbildes. Wir erlebten wirklichkeitsgemäß das, wovon der Mensch bisher nur geträumt hat: Für uns explodierte der Mikrokosmos – also das Atom – in dem physikalischen Laboratorium gleichzeitig mit der bisherigen Vorstellung vom Makrokosmos, also der den Weltraum erfüllenden Materie und Energie. Wir erfuhren, daß der kleinste Teil der Materie, das Atom, strukturell identisch ist mit der unendlichen Masse von Materie, dem das Weltall erfüllenden Urmaterial. Zahl und Kreislaufgeschwindigkeit der um den Zellkern kreisenden Elektronen entscheiden über das spezifische Gewicht und die Qualität der Materie – im Atom nicht anders wie in den Galaxien, zu denen unser Sonnensystem gehört. Als Fermi 1942 im Laboratorium der Universität von Chicago den ersten Atomstapel in Tätigkeit brachte, da sprengte die erste künstliche, von Menschenhand ausgelöste Kettenreaktion nicht nur das Atom, sondern auch ein Lebensgefühl: das Wissen des Menschen um sich selbst und die Welt.

Mikrokosmos und Makrokosmos explodierten für uns gleichzeitig – aber die Welt ist nicht nur »Kosmos«. Vielleicht gibt es auch ein Mikrochaos und ein Makrochaos. Das Leben entsteht nicht aus Rosenwasser, sondern aus Leidenschaft. Auf den Photographien hier an der Wand des Saales kämpfen die Gas- und Lichtkörper miteinander, so wie die Figuren der Laokoongruppe. Die Voyeurs dieses ständigen himmlischen erotischen Aktes, diese sonderbaren heidnischen Priester, die Ein-

geweihten der modernen eleusinischen Dionysien – die
Atomsprenger und Astronomen, die Kosmologen, die die
geheimnisvolle Szene des großen Actus durch das »Big
eye«, durch Radiospektroskope oder durch das Fenster
des Zyklotrons forschend beobachten –, belauern gleich-
sam in einem Alkoven des Weltraums die Gruppenbilder
der ständigen Paarung. In den Bildern ist etwas Orgiasti-
sches.

Vor diesen Bildern werden Begriffe wie Raum und
Zeit auch für den Laienbetrachter völlig zunichte. Eine
Aufnahme gibt ein Bild von »unserer« Galaxie. Wir
nennen dieses Phänomen Milchstraße ... Der Bereich
dieses Nebelkörpers nimmt mehrere hundert Millionen
Lichtjahre Zeitraumbegriff in Anspruch, und in einer
Ecke des Lichtbildes zeigt ein mit einem Stern markierter
Pfeil, daß irgendwo an dieser Stelle unser winziges Sonnensystem steht, zwischen dessen Planeten etwas kreist,
was noch bedeutungsloser als ein Sandkorn ist und was
wir die Erde nennen – also der Planet, auf dem wir
Parasiten, Menschen, leben. Eine Aufschrift an der Hal-
lenwand macht den Betrachter bescheiden darauf aufmerksam, daß »die Zahlen nicht ganz genau sind«. Aber
die Photos, die hier hergestellt wurden und nun beleuch-
tet an den Wänden gesehen werden können, sind genau.

Der mechanische Reflex des Zeitgenossen und Besu-
chers vor diesem photographierten Weltbild – in dem
wirklich alles zunichte wurde, was Demokrit und Leukip-
pos von den Atomen nur ahnten, Galilei und Kepler vom
Makrokosmos nur vermuteten – ist zunächst Demut,
dann Hochmut. Der Mensch versteht, was für eine
Made, was für ein Wurm er im Weltraum ist – aber
gleichzeitig verspürt er in der tiefen Stille vor den rätsel-

vollen Bildern eine Art erschreckten Pathos, weil gerade er, die Made und der Wurm, nun weiß, wo sein Platz in der Welt ist, er kann seine Lage und sein Verhältnis zur Welt messen – und darin dämmert für das Wissen des Menschen eine Art pathetischen Bewußtseins der Überwertigkeit. Nicht lange … Lovell glaubt, daß jeder, der nach dem Geheimnis des Ursprungs der Schöpfung forscht, zu jener Einsamkeit gelangt, wo er allein, ohne physikalische Gewißheit über die Probleme des Zusammenspiels physischer und metaphysischer Bedingungen entscheiden muß – der Kosmologe ist also gezwungen, eines Tages mit seiner Theorie in das Nichts der Raum- und Zeitlosigkeit hinauszutreten.

Kalt und religiös ist die Atmosphäre in dem Saal. Die durchleuchteten Photos an der Wand wirken wie die Schätze eines Reliquienschreins in einer heidnischen Kirche.

In dem scharfen Licht und in der Kälte, die erzittern macht, gehe ich hinüber zur Sternwarte. In der mächtigen Kuppelhalle trennt eine Glaswand die Besucher von den Rieseninstrumenten, die unter dem Aluminiumgewölbe aufgestellt sind. Diese Kuppel erinnert sonderbar an die Dachbauten italienischer Dome, etwa an die Kuppelhalle des Doms von Florenz oder der Peterskirche. Hinter der Glaswand stehen Maschinenungetüme, die in ihrer Bewegungslosigkeit an prädiluviale Tiere, riesige Eidechsen erinnern. Es sind die Beobachtungstürme, die auf die Perspektive des himmlischen Nord- und Südpols eingestellt sind. In der Mitte steht der Linsenspiegel von fünf Metern Durchmesser. Man konnte ihn nur mit Hilfe komplizierter Maschinen hierher, auf den Berggipfel, ohne Bruch herauftransportieren.

Die Spiegellinse liegt in einem Metallrahmen, der hydraulisch gefedert ist – so schützt man sie vor den Gefahren eines etwaigen Erdbebens. In einem Klima, das durch künstliche Luftkühlung wie dasjenige einer Eisgrotte wirkt, werden die Instrumente in einer gleichmäßigen Temperatur gehalten, so auch die außerordentlich empfindliche Spiegellinse, damit keine Wärmewirkung die Empfindlichkeit der Metallteile oder das feine Glas beeinflussen kann.

In der Höhe sieht man Aufzugskonstruktionen mit Stahlschranken, ähnlich wie im Maschinenraum großer Schiffe – schmale Brücken und Stege, Tische mit Instrumenten. Von hier aus lenkt der Astronom die Kameras des optischen Teleskops sowie die Instrumente des Radioteleskops und des Radiospektroskops. Der neuzeitliche Astronom »sieht« nichts mehr im Weltraum. Die Astronomie macht eine Art Blindflug im Raum, so wie der Pilot eines mit Radar ausgestatteten Flugzeugs – die Maschine »sieht« anstelle des Menschen, wenn sie die Himmelskörper aufnimmt.

Unter der silberglänzenden Kuppel erinnern die riesigen Instrumente an die Totemfiguren eines heidnischen Mammutaltars. Diese religiöse Stimmung, diese heidnisch-kirchliche Atmosphäre ist unmißverständlich. Das große Schisma unserer Zeit, der Streit zwischen Wissen und Glauben, verstummt in dieser Halle – hinter den Tatsachen der kosmischen Wirklichkeit beginnt ein Weltbild zu dämmern, das man nun nicht mehr photographieren kann, das aber gleichwohl Wirklichkeit ist. Die Männer, die mit Hilfe dieser Maschinen in den Weltraum hinausspähen, wollen mit Mitteln des Wissens eine Wirklichkeit vom Übernatürlichen erfahren – davon, wovon der Mensch auf diesem winzigen Planeten seit seiner Existenz sich nur mit der Kraft des Glaubens Vorstellungen gemacht hat. Die große Leere unter der Kuppel (und draußen im Weltraum), die Stille, die eisige Kälte – all das erinnert an das Erschauern Pascals: »Le silence éternel des espaces infinis m'effraie.«

Wenn der Mensch rational dem Irrationalen näherkommt – dann ist darin immer etwas Furchtbares. Diese Maschinen, diese Photos künden die Gewißheit, daß in der Natur etwas Übernatürliches ist – der Sinn der Welt ist Wille, also Energie, Leidenschaft –, anders gesagt Gott, das Wort, das am Anfang stand, aber niemals ein Ende hat.

Die Astronomen wohnen hier in einem Nachbargebäude, dem »Kloster«. So nennen sie dieses Gebäude, das Heim der Gelehrten auf dem Berg – »monastery« –, und auch das kann nicht Zufall sein. Die Priester dieses sonderbaren heidnischen Tempels, der Sternwarte – die Gelehrten –, leben hier oben auf dem Berg wie die Lamas in Tibet eine Art heidnisches Mönchsleben.

Von einem Fenster sieht man ins Tal hinunter. Orangenwälder gilben in der Tiefe, dann glänzt in der Ferne der Ozean. Der Himmel ist wolkenlos, tiefblau, funkelnd licht – aber für die Astronomen ist die staubfreie Gebirgsatmosphäre noch nicht rein genug; jetzt bereitet man sich vor, Luftballons mit Beobachtungsteleskopen steigen zu lassen, später will man mit Hilfe von Raketen sogar in die Stratosphäre vorstoßen, wo die Ausdünstungen der Erde und des Ozeans nicht einmal mit einem Staubkorn oder einem Dunsthauch die Beobachtungsfähigkeit der Instrumente stören können.

Die Stille hier ist vollkommen; sie kann selbst in der Stratosphäre nicht mehr tiefer, tauber sein. Die Erde mit all ihrem verrückten Lärm und Geräusch, mit ihren närrischen Debatten, mit dem Gedröhn ihrer Maschinen und ihren tragischen Spannungen ist weit von hier entfernt. Wie denkt ein Astronom, der den Zweikampf von Galaxien photographiert, über die irdischen Handlungen? ... Wahrscheinlich dasselbe wie die Menschen in der Tiefe. Es gibt keinen Ausweg, wir müssen hier leben, in einem nebensächlichen Sonnensystem unserer provinziellen Galaxie, auf einem winzigen Planeten – möglichst vernünftig, wie und solange es geht. In der Sternwarte sagen die Instrumente dem Menschen etwas von der Wirklichkeit im Weltraum; es wäre Zeit, daß auch der Mensch etwas von der Wirklichkeit seiner selbst weiß. Doch darauf ist wenig Hoffnung.

Die Instrumente hier auf dem Berg geben auch Kunde von den »ausgestorbenen Sternen« – man hat bereits Gewißheit über einige hundert dieser düster-schwarzen Steine. Diese Sterne, auf denen der Prozeß der Hydrogenexplosionen im Weltraum beendet, der Stern ausgebrannt, die Materie, die den Stern gebildet hatte, zu einem unglaubhaften Dichtigkeitsgrad zusammengeschrumpft ist, kreisen jetzt bereits ohne »Leidenschaft«, also ohne Explosion und Brand, als ungeschlachte schwarze Steine nahe an dem Orbis unseres Sonnensystems. So wird einmal auch auf unserer Sonne das Hydrogen ausbrennen – und mit ihm wir Menschen, jede Materie und jede Leidenschaft.

Das Auto fährt langsam den Berg hinab. Der Atem der Wälder ist warm und aromatisch. Dunstig duften die

Orangenfelder in der Lichtflut unserer armen, provinziellen Sonne. Es ist gut, hier, auf der Erde, zu leben. Es
ist ein gefährlicher, provinzieller Stern – aber dennoch
ist es gut, hier zu leben, solange man darf.

Wir machen halt bei der Pala-Mission, wo einige Franziskaner die Kinder der nahen indianischen Reservation,
aber auch die Greise im Schreiben, im Lesen und in
der Hausweberei unterrichten. Die Pala-Mission ist eine
der letzten dieser Gründungen, wo die Mönche noch
immer etwas wie menschliche Hilfe den tödlich beleidig-
ten und verletzten, in trotzig hochmütiger Absonderung
dahinlebenden und neuerdings – dank der Antibiotika –
gleichwohl sprossenden und sich vermehrenden Indianern bieten, die ihr Gnadenbrot erhalten. Sie wohnen
in Lehmhütten oder improvisierten Holzkisten, aber
auf dem Dach der meisten schäbigen Wohnhäuser in
der Reservation funkelt bereits die Fernsehantenne, bei
dem verfallenden Schuppen rostet die Waschmaschine,
der Frigidaire oder ein uralter Ford. Trotzdem ist noch
heute das Leben in den aus Brettern zusammengestop-
pelten Hütten unmenschenhaft. Ein Volk mongolischer
Herkunft, in seinem Wesen nomadisch, wurde zum
Opfer einer großen Eroberung – keinerlei Lösung kam
zustande; für Eroberer und Eroberte gibt es keine Koexi-
stenz, nur ein Kovegetieren.

Aber die Priester der Pala-Mission kümmern sich um
sie, sie unterrichten und heilen sie. Die Älteren sprechen
noch immer indianische Dialekte.

Eines der schönsten Gebäude hier an der Küste ist
die alte Kirche aus dem Jahre 1798, eine Erinnerung an
die handwerkliche Arbeit von Indianern und Padres der

Gründerzeit. Im Klostergarten blühen seltene kalifornische Pfeffersträucher. Von dunkellila Blumen verdeckt, befindet sich zwischen Bäumen mit kühlem Laub auf dem Vorplatz der Kirche ein melancholischer indianischer Friedhof. In dem kleinen Museum sieht man primitive indianische Gebrauchsgegenstände – die ersten Hilfsmittel einer Zivilisation, die dieses nomadische Volk nie in ihr Herz geschlossen hat.

Um die San-Louis-Rey-Mission ist das Tal reich, Ölbäume blühen hier, Reben und überall Orangen. Diese Landschaft hat etwas Gesegnetes, Duftiges, dem Garten Eden gleich. Nach langer Zeit spüre ich, daß man hier vielleicht leben kann – zuletzt fühlte ich ähnliches in Bajae. Luxuriöse Haziendas mit Schwimmbecken, Lusthäuser stehen inmitten der Orangenwälder. Manchmal sieht man auch berittene Cowboys. Es folgt ein Zitronengehölz und dann meilenweit Eukalyptuswälder.

An der Ozeanküste entlang geht es zurück nach San Diego. Es dämmert, als aus der Sicht des Berghügels, des alten spanischen Leuchtturms – des Point Loma –, sich die Bucht darbietet mit vielen hundert Kriegsschiffen, und drunten an der Küste die Lichter von San Diego. Eine kurvenreiche Straße führt durch die bunten, eleganten Wohnviertel, La Jolla genannt – Gelehrte und Schriftsteller leben hier. In der strahlenden Abendsonne sind die Landschaft, das Panorama des Ozeans und die Schatten der Stadt besonders anziehend. San Diego ist eine Siedlung von menschlichem Zuschnitt – wenigstens vorläufig noch. Deren gibt es in Amerika wenige.

Abend im Hafen. Der Ozean ist lautlos, nicht einmal sein Plätschern ist zu hören. Der riesige Körper ist im Mondschein silberweiß wie eine Schneedecke.

Ich verpaßte die Abreise – die freundlich lächelnde Höflichkeit von San Diego ist ein seltenes Reiseerlebnis. Und dazu noch der Ozean, das Tal von Kanaan, die Ausstrahlung des Spanischen und Mexikanischen – das alles hält auf.

Morgens gibt es eine fünfstündige Rundfahrt in der Bucht auf einem kleinen Schiff. Hier ist der größte kontinentale Stützpunkt einer der größten Militärformationen der Vereinigten Staaten, der fernöstlichen Pazifischen Flotte. In den Trocken- und Schwimmdocks liegen Hunderte von Kriegsschiffen, Unterseebooten und Flugzeugträgern. Der riesige Marinemechanismus wird von diesem Stützpunkt her mit allem versorgt, was man irgend in fernen Gewässern braucht: also vom Gefrierfleisch über das Aspirin bis zur Hydrogenbombe wird von hier aus alles nachgeschickt.

Langsam taumelt das kleine Schiff in der Bucht zwischen den Rudeln von Kriegsschiffen hindurch. Auf einer Felsgruppe sieht man ganz nahe Pelikane. Der Kapitän sagt, wir hätten die Bucht bereits verlassen und führen über das tiefe Wasser des Pazifiks.

Arizona

Am frühen Morgen geht es mit dem Auto noch eine kurze Strecke am Stillen Ozean entlang. Dann biegt die Straße in der Richtung der Wüste nach Arizona zu ab.

Die paradiesische Landschaft bleibt in ihrem Glanze zurück. Meilenweit stehen Weingärten. Die Reben sind kurz gestutzt. Vor Palm Springs erheben sich ungewöhnlich unruhige Bergformationen, die Steine scheinen zu zucken. Es geht hinüber über den Coloradofluß, in die Wüste Juma.

Ohne Übergang ist die Landschaft plötzlich erstarrt. Aber sie ist nicht leblos. Eine neue Wüste folgt: Man nennt sie die »gemalte Wüste«, weil die ganze Landschaft ein Schachbrett von roten, gelben, weißen, braunen, grünen Kiesel- und Sandfeldern ist. In zweihunderttausend Quadratkilometern Ausdehnung wogt überall die Wüste. Sie ist umgürtet von einem Hintergrund dunkelroter und dunkellila Felsen, den Canyons, der düsteren Kulisse von Gipfeln und Schluchten hoher Berge.

Die Sonne brennt auf den Sand, wie ein Vergrößerungsglas die gesammelte Hitze durch den Brennpunkt strahlt. In dem mittäglichen Licht beginnt die Wüstenlandschaft zu lodern. Steine, Sand und Gestrüpp sind manchmal bleichlila oder brennendrot. Es ist ausgetrocknetes Meer: Aus Sand, bunten Kieseln und ausgebrannter Erde entstand hier in der Werkstatt der Natur etwas Ständiges und Festes, das sich gleichzeitig allmählich ändert. Nirgends sieht man einen Bach oder ein Tier. Manchmal dampft der Sand, dann entspringt heißes Wasser aus dem Kieselmeer.

Aber diese ausgebrannte Landschaft enthält etwas wie verborgene, innere Bewegung und Leben, genauso wie das Meer. Niemals ist die Wüste langweilig. In den großen Leerräumen tauchen von Zeit zu Zeit Oasen auf, lebende Bildgruppen datteltragender, langer, struppiger Königspalmen. Dann bilden Riesenkakteen eine Allee am Straßenrand, diese fünfzehn Meter hohen, tragischen und pathetischen stacheligen Pflanzengebilde. Sie sind wie die Unglückspropheten der Wüste, in ihrer härenen Kutte, unrasiert brüllen sie etwas in die Sonne, in den Himmel. Die Betonstraße brennt in dem Licht wie flüssiges Metall. Die Kakteen am Straßenrand sind sonderbar anthropomorph, sie erinnern an ein gemeinsames Gebilde vom Anfang der Existenz her – wie die Feigenbäume.

Wildkatzen und Jaguare schleichen von New Mexiko hierher. Aber auf der Fahrt ist kein Tier, auch kein Vogel zu sehen – es ist die Landschaft, wo »selbst kein Vogel fliegt« –, wie das Land der Kimmerier. Überall klammern sich Flechten mit der List des Parasiten in den Sand; sie leben vom Licht wie die Armen. Stundenlang ist es immer dasselbe; und dazwischen immer etwas anderes: Ständig geschieht etwas in der Wüste.

Mit ihrer stummen und tauben Dramatik erinnert mich diese Wüste irgendwie an die letzten fünfzehn Jahre meines Lebens.

Die Landschaft ist so, wie das Panorama des Mondes aus der Nähe aussehen mag. Aber hier nennen sie dieses ausgestorbene Gebiet »Valle del Sol«, das Tal der Sonne.

Es erinnert an die Wüsten, die ich in Libyen und Ägypten sah – aber es ist nicht so melodisch, wogend, sandweich, es ist härter und düsterer.

Ein kurzer Aufenthalt an der Grenze einer Ortschaft namens Indio. Es ist die Grenze des Staates Arizona. Vor vierzig Jahren wurde dieses bergige Wüstenland in den Bund der Unionsstaaten aufgenommen. Auch heute noch leben auf dem Gebiet von zweihunderttausend Quadratkilometern nicht mehr als eine Million Menschen. In der Wüste befinden sich überall zerstreut indianische Reservationen. Indianer von den Stämmen der Apachen, der Navajos und der Papagos leben in dieser Gegend. Diese berüchtigt kriegerischen Stämme kämpfen heute nicht mehr, denn sie sind Pensionäre geworden. Neben den umzäunten großen Ackerfeldern der Reservationsgebiete stehen überall die aus Lehm oder Brettern gebauten Wohnhäuser indianischer Siedlungen – so auch hier mit dem üppigen Zubehör, mit Waschmaschine, Kraftwagen und Fernsehantenne. Allein für die nahen Ölquellen bezogen die Indianer dieser Gegend von ihrer Bundesregierung in den letzten Jahren fünfundsiebzig Millionen Dollar. Die Zeit eines großen Ringens ist dahin: Die Leidenschaften sind in Pensionen erstickt. –

Vor nicht zu langer Zeit erschienen zwischen den Felsen in der Wüste einige bleichgesichtige Fremde. Sie kamen von jenseits der Berge, sie brachten wilde Interessen, grausame Pläne. Aber sie erschlossen eine Gegend und richteten sie ein, wo es kurz vorher nichts anderes gab als Sand, Kakteen und einige nomadische Stämme – die Indianer, die jetzt auf den Veranden ihrer Holzhäuser herumgaffen. Am Anfang des Jahrhunderts gab es noch ernste, blutige und grausame Kriege zwischen Indianern und Yankees. Aber in vier Jahrzehnten wurde hier auf der von der Sonne hartgesottenen Erde Arizonas eine Zivilisation geschaffen: Das ist lehrreicher als alles, was die Abenteuerromane von den Kämpfen der Rothäute und Bleichgesichter im Wilden Westen berichten.

Es geht an Flagstag vorbei. Die Steine des Grand Canyon leuchten in dem Strahlenbruch der Dämmerung in lila Flammen. Bei Abendanbruch kommen wir an die palmenbestandene Grenze einer großen Stadt. Am Straßenrand stehen die fünfzehn Meter hohen stachligen, riesigen Kakteen.

Phoenix

Eine große Aufschrift an der Fassade des Hotels verspricht, daß hier die Wohnzimmer und Säle das ganze Jahr über gleichmäßig in einer Temperatur von siebzig Grad Fahrenheit gehalten werden. Diese im Sommer und im Winter gleichmäßige Temperatur ist hier in der Wüste ein großer Luxus. Auf dem Dach des Hotels befinden sich ein Sonnenbad und ein Schwimmbad.

Das Klima von Arizona hat die in Hast aufgebaute, zivilisierte Stadt zu einer Art klimatischem Versuchsgelände gemacht. Sonne und Trockenheit mußten überwunden werden, wollte man in der Wüste ein Stadtleben beginnen. Diesen konzentrierten, massiven Sonnenschein habe ich nicht einmal in Ägypten oder in Neapel erlebt. Auf den Straßen von Phoenix gehe ich im Februar in Hemdsärmeln.

Die Stadt ist weit ausgedehnt, mit sauberen, breiten Straßen, frischen Gärten und schreiend bunten Blumen. Vor vierzig Jahren war hier noch Steppe. Die modernen Wohnhäuser und Geschäftsbauten erscheinen in der Wüste wie eine Fata Morgana. Auffallend häufig sind die Privatbanken, sie verkünden und versprechen Kredite aller Art – der Sand wartet auf Unternehmer, die Wüste ruft die Pioniere, die Banken erwarten neue Menschen, die geneigt sind, hier etwas zu tun.

Breite Straßen, öffentliche Bauten, das Krankenhaus – all das wurde innerhalb von vier Jahrzehnten errichtet.

Die Stadt ist weitläufig und bequem, sichtlich wurde sie in der kurzen vergangenen Zeit mit allem vorstellbaren Komfort unserer Zivilisation ausgestattet. Ein Unternehmer baut zu Hunderten Einfamilienhäuser für 15 000 Dollar – es ist ein junger Mann, der erst kürzlich das Geschäft ohne irgendwelches Kapital begonnen und heute bereits mehrere hundert Häuser verkauft hat. Vor fünfzig Jahren war hier nur eine Westernsiedlung aus einer Art Kisten, sie gehörte Menschen, die sich hierhergewagt hatten – in dieses Klima zwischen kahlen Bergen, hoffnungslosen Kieselfeldern und wilden und grausamen Indianerstämmen. Und ringsum die Sierra, die Canyons – die Schluchten und Pässe. Die Erschließung dieses Wilden Westens, seine Eroberung und Nutzbarmachung waren – hier sowohl wie in Utah, Montana, New Mexiko, Texas – eine aufreibendere Aufgabe als das kalifornische Abenteuer, wo zumindest an der Ozeanküste das Klima milder und die Fruchtbarkeit reicher ist. Auch die Indianer Kaliforniens waren sanftmütiger als die Stämme, die in diesem wilden Wüstengebiet wohnten.

Die modernen Wanderer, die von Europa in diese Gegend kommen und die Nase rümpfen, weil nach ihren Begriffen im Fernen Westen keine »Kultur« besteht – bei meiner Reise stieß ich auf solche Gefährten –, denken daran nicht, daß die Pioniere hier in den vergangenen fünfzig Jahren wahrhaft andere Alltagsaufgaben hatten, als sich über die französische symbolistische Dichtung zu streiten. Es war für sie ein wilder Kampf mit dem Klima, mit den Felsen und dem Sand, tagaus, tagein – und zwischendurch auch mit den Menschen. Nicht nur mit denjenigen, die sie hier vorfanden, sondern auch mit den anderen, die später kamen und für die man dieses ausgebrannte Land sowohl politisch wie sozial anziehend machen mußte, damit sie herkamen, etwas zu unternehmen, zu arbeiten und zu bauen. Und all das haben die Antriebsmittel des persönlichen Unternehmungsgeistes, der freien Wirtschaft geschaffen.

In den Straßen von Phoenix, zwischen den Kulissen des modernen amerikanischen Stadtlebens, sieht man viele herumlungernde, spazierengehende, nichtstuende Indianer. Sie kommen aus den nahen Reservationen hierher in die Hauptstadt, sichtlich mehr, um einzukaufen und herumzulungern, als zu arbeiten. Die indianischen Reservationen von Arizona sind volkreich. Die Hälfte des Landes ist Wüste, die andere Hälfte besteht aus Wald und Gebirgen mit Gruben. Ackerland gibt es wenig. Die Gegend ist wasserarm, man muß das Wasser der Gebirgsquellen hier und dort in riesigen Tanks an Berghängen aufspeichern.

Die Indianer beeilen sich nicht, an der gemeinsamen Arbeit teilzunehmen. Im Sommer brennt hier alles aus – auch die Einheimischen bringen sich in der trockenen Hitze eben geradeso durch. Die Hotels in den Oasen der Wüste schließen dann, die meisten können nur zwischen Ende Oktober und Anfang April auf Gäste hoffen. Aber jetzt, Anfang Februar, sind hier viele Fremde, die das arktische Klima des Nordens fliehen und hierher in die trockene Wärme pilgern. Die Luft ist dunstfrei, Regen gibt es selten, dann dauert er auch nur kurze Zeit und hat tropischen Charakter. In der trockenen Luft können selbst Nierenleidende hier leben, nicht anders als in Ägypten.

Die Stadt hat eine Bibliothek, ein Museum und eine Universität. In dem Pueblo-Grande-Museum findet sich eine interessante Sammlung von indianischen Erinnerungen des Fernen Westens. Aber die Universität hat keine medizinische Fakultät, obgleich die Bewohner gern die Kosten dafür aufbringen würden. Diese Erscheinung ist auf dem flachen Lande häufig – in New York und noch einigen Großstädten praktizieren Ärzte zu Tausenden; auf dem Lande gibt es auf weiten Gebieten wenig Ärzte, die lokale Interessenvertretung der Mediziner erlaubt nicht, daß sich Ärzte, die aus anderen Staaten kommen, hier ansiedeln – von alten, erfahrenen Gelehrten verlangt man ein neues Examen, in den meisten Staaten wird das Diplom von New York oder Washington nicht anerkannt.

Vormittags gehe ich in eine katholische Kirche. Hier sind viele Menschen, zumeist alte – der Priester predigt seelenlos und mechanisch. Der Gesichtsausdruck der Gläubigen ist gleichgültig und müde.

Am frühen Nachmittag fahre ich mit einem Wagen hinaus zum Babona-Gebirge. Die Landschaft ist von einem dunkelroten Felshintergrund umgürtet. Und überall stehen die Kennzeichen der Wüste, die Riesenkakteen. In der Lichtflut der Wüstenlandschaft erscheinen die Oasen, die Ranchos – mit modernen Tricks erbaute eingeschossige Paläste in Gärten mit Kakteen, Palmen, Eukalyptus und üppig bunten Blumen –, Paläste, in denen Amerikas kleine Könige in den Wintermonaten einige Wochen in der brennenden trockenen Sonne in verborgener Zurückgezogenheit verbringen. Das ist in Amerika eine von den vielen Formen des geheimen, großen Luxus: ein verborgenes Lusthaus in Arizona ...

Der Parvenü, sei seine Brieftasche noch so dick, wird nicht in die Nähe der zurückgezogenen Halbgötter zugelassen. Hier, im Sand und zwischen Felsen, erbauten sich Amerikas Aristokraten mit großen Kosten solche äußerlich bescheiden geduckten, in Wirklichkeit luxuriösen winterlichen Zufluchtsstätten. Wer ist so ein Aristokrat? Das ist schwer zu sagen. Weder die Abstammung noch das Vermögen sind dafür entscheidend. Aber Einkommensteuererklärung ist hier eine Art Diplom, ähnlich wie in Europa der Adelsbrief.

Diese arizonischen Lusthäuser mit ihren glatten Dächern, ihrer Umpflanzung mit seltener Wüstenflora, mit ihrem heuchlerisch bescheidenen Äußeren – dieser Luxus ist hier in der Wüste von Arizona mehr und etwas anderes als die snobistische Liebhaberei der ganz reichen Leute: Es ist bereits Schöpfung, eine Art Zwecklosigkeit und Ausdruck irgendeiner Haltung. Die hierher kommen, wollen nicht mit ihrem Vermögen prunken. Sie kamen nicht her, um großzutun, sondern sie versuchen, eine wilde Landschaft zu zähmen. Diesen Luxus findet man nicht einmal in Kalifornien. Vielleicht leben die Ölscheichs des Nahen Ostens in so verborgenen raffinierten Lusthäusern in der Wüste.

Zwischen den Felsen gibt es auch einige Hotels, natürlich nicht für die gewöhnlichen Touristen. Meinen Tee nehme ich im Biltmore Hotel – es ist eins der billigsten Häuser, die Tagespension beginnt mit dreißig Dollar. Das Schwimmbecken ist hier inmitten des Sandmeeres obligatorisch – im Schatten der Königspalmen spielen die Hotelgäste auf dem mit sündteurem Wasser gesprengten bleichgrünen Rasen sorgsam und feierlich Golf, mit dem liturgischen Ernst einer religiösen Sekte schlurfen sie auf dem Rasen hin und her. Eine Tafel warnt die golfspielenden Damen, auf dem Platz Schuhe mit nadelspitzen Absätzen zu tragen ...

Die Leute, die auf Ruhebetten um den Golfplatz herumliegen, das Schnapsglas in der Hand, sind Amerikas große Weltenbummler, ein byzantinisches Volk, sie tragen fast liturgische Kostüme. Diese Kleidung ist nicht mehr »feminin«, sie ist vielmehr unmißverständlich die Tracht von Priestern einer geheimen Religion. Geld ist Macht: Das glaubt man auch in dem neuen Byzanz – auch hier zwischen dem Stillen und dem Atlantischen Ozean, nicht nur in den Canyons der Wall Street –, und wer zu dem Geheimkreis der Macht gehört, der ist ein eleusinischer Oberpriester dieser heidnischen Religion. Rote Hosen, lila Hemden, gelbe Maroquinpantoffel, lichtblaue Halstücher – so kleiden sich hier die Oberpriester, also der Großreporter, der Großschlächter, der Großpropagandist der Parteien. Es ist nicht sicher, daß diese Verkleidung Homosexualität bedeutet – die Erscheinung ist komplizierter. Die geheime, ahnungsvoll maskierte Besonderheit der Großen, Eingeweihten in allem, auch in der Tracht ... was steht hinter dem allen? Wie auf der Via Appia die Quadriga einen Nero fliegen ließ, so läßt der von dreihundert Pferdekräften getriebene Wagen die modernen Neronen auf den amerikanischen Spiegelstraßen fliegen ... Und sie sitzen dort in gelber, roter, blauer, grüner Seide wie Triumphatoren am Steuer.

Oder sie liegen hier auf dem Ruhebett inmitten der Wüste von Arizona, auf dem Rasen eines künstlerischen Paradieses, im Schatten von Palmen, und beobachten mit religiösem Ernst ihre golfspielenden Priesterkollegen und

Priesterinnen. In der zweiten Hälfte des zwanzigsten Jahrhunderts, in einer Welt mit zwei Milliarden hungriger und unversorgter Menschen ist dieser Anblick beunruhigend. Es liegt darin Hochmut, erschlaffter byzantinischer Prunk ... Aber es liegt auch Kraft darin.

Ein zweites Lusthaus in der Wüste trägt den Namen »Camelback Inn«. Über dem Tor des Gasthauses zum Kamelrücken steht als Sinnspruch: »Hier ist die Zeit stehengeblieben.« Es ist ein stolzer und arroganter Spruch. Das ist das andere, das überreife, ohne Übergang dekadent gewordene Amerika. Auch das gibt es. Nur ist dieses Bild von Byzanz nicht das ganze, wirkliche Amerika.

Unterwegs treffen wir auf einen Ort »Mesa«. Die Mormonen, die in dem nahen Staat Utah eine mächtige, reiche und einflußreiche Gemeinschaft geschaffen haben, bauten eine Art geheimnisvoll einsame Kirche in dieser Gegend Arizonas. Die mormonische Kirche ist ein ausgedehnter Marmorbau, den Fremde nicht betreten dürfen. Im Garten stehen Zypressen aller Art und Wüstengestrüpp, dazwischen aztekische Andenken, an den vier Ecken der Kirche finden sich im Schatten der Zypressen Musikinstrumente aus Stein und Metall, die Tag und Nacht mormonische Kirchenmusik sprühen ... Die Vielweiberei hat im Leben der Gemeinschaft offiziell aufgehört – ein Einheimischer antwortet auf meine Frage achselzuckend, es gäbe so etwas noch, aber nur so »wie in New York«. Es sind Reiche, Sonderlinge, Einzelgänger. Wieviel Psychose liegt in allem dem, wieviel Interesse, wieviel Ehrlichkeit?

Eine »Ghost town«: Scottsdale. Es ist eine Gespensterstadt, aber auch eine Sehenswürdigkeit für den Fremdenverkehr. Viele solcher Städte gibt es im Westen, aus denen
die Bevölkerung in einem bestimmten Moment der westlichen Wanderung weiterzog. Auch Scottsdale ist eine
solche verlassene Siedlung, aber man hat die Gespensterstadt sichtlich für die Touristen konserviert. In der Gold-
zeit wurden die Häuser aus Weichholz erbaut, dann
blieb alles unberührt, wie es die Pioniere hinterlassen
hatten, als sie sich fortmachten, weil in der Umgebung
das Öl oder das Gold ausgegangen waren. Die Hütten
mit ihren Vorplätzen sind leer, auf den Straßen sieht
man noch Cowboymädchen auf Pferden reiten. Die
angeblich verlassene Gespensterstadt scheint jedoch in
der jüngsten Zeit stark zu wachsen. Indianer und vom
Osten zuströmende Handwerker und Künstler bauten
hier eine private Kunstschule, die rege besucht wird.
1948 hatte Scottsdale 1000 Einwohner, Ende 1959 ist die
Zahl der Einwohner auf 45000 gewachsen. Die Indianer
nennen Scottsdale das »Heim für die, die eine glückliche
Nase haben«. Edle arabische Pferde sind hier gezüchtet
worden; heute sieht man mehr Cadillacs als Pferde. Nahe
bei Scottsdale ist eine japanische Blumenpflanzung –
auch in der Wüste zaubern die Japaner Gärten hervor.
Sie wittern in der Landschaft, im Boden, im Klima und
in den Pflanzen Möglichkeiten wie kein anderer.

Es geht durch das Salt River Valley an Wäldern von
Grapefruits vorbei. Die Früchte sind bereits gereift, ihre
Schwere zieht die Äste zu Boden.

Ein kahler Felsberg taucht vor uns auf, der Super-
stition Mountain. Angeblich hat hier ein Holländer am
Anfang des Jahrhunderts Gold gefunden oder verbor-

gen, erzählt die Sage – und seit Jahrzehnten geht alljährlich von Phoenix eine Expedition in die Schluchten und
Höhlen, das Gold zu suchen. Diese Sage hat auch im
vergangenen Jahr zwei Forscher das Leben gekostet. Das
Pathos der Felsen ist in der Lichtbrechung des Sonnen-
untergangs beunruhigend. Dann füllt sich die Wüste mit
tief sepiafarbenen Tönen, allen Nuancen dieser Farbe.

Auf dem Rückweg wieder indianische Reservationen, wollige und schlampige zigeunerhafte Frauen und
Männer, schäbige Hütten: Hier sind die Siedlungen der
Pima-Indianer und die Trümmer des hiesigen Pueblo
Grande. – Arizona ist die aristokratische Hochfläche des
Wilden Westens. Hier lebt alles vom Sonnenschein, von
dem trockenen Licht – die Pflanzen, der bunte Sand, der
spärliche Acker, sie trinken und fressen den Stickstoff. Es
ist etwas Hochmütiges in dieser wüsten und gleichwohl
erregenden, geheimnisvoll lebendigen Landschaft.

Als der Tag erlöscht, verliert Phoenix, die sonnenanbe-
tende Stadt von Arizona, ihr wüstenhaftes Strahlen und
wird zu einer der seelenlosen amerikanischen Provinzstädte. In der Nacht erstarrt die moderne Stadt wie die
Eidechse im kalten Sand. Auf den Straßen, in den erleuch-
teten Lokalen herrschen erschreckende Leere und Öde.

Was geht in den Seelen vor? Herrscht dort die gleiche
Öde? Wer kann darauf summarisch antworten? Das
Leben ist noch heute hier ein Kampf wie zu den Zeiten
der Pioniere. Das »Business«, das Unternehmen, der
Lebensunterhalt – sie bilden auch heute den Existenz-
kampf. Man mußte den Boden finden und ihn nutzbar
machen, hier nicht anders als überall in den verlassenen

Gebieten des großen Kontinents – und der Tag vergeht mit diesen großen Aufgaben. Aber was begibt sich in der Seele des amerikanischen Menschen, wenn die Sonne untergeht und er allein bleibt – allein mit seiner Seele und Amerika? Es ist schwer, darauf zu antworten. Er hört Radio. Er stellt das Fernsehgerät an und wieder ab. In der Zeitung liest er die Nachrichten von der Börse, vom Sport, von Morden und Straßenunfällen, vielleicht auch einige Neuigkeiten in der Klatschrubrik ... Vielleicht nimmt er auch ein Buch vor. Aber was geschieht in der Seele des amerikanischen Menschen am Abend vor dem Einschlafen? Die große Aufgabe, die große Frage, ob er die führende Rolle, die ihm in der Welt zugefallen ist, ausführen kann ... wie sehr ist das der amerikanischen Seele bewußt? Seit Tocqueville haben das viele gefragt, die die amerikanischen Länder bereisten. Leben hier auch Dichter? Das fernwestliche Wüstenklima erinnert an dasjenige in Afrika und Asien, also an die klimatischen Vorbedingungen, wie sie sich jenseits der Südgrenze der gemäßigten Zone für die Haltung des Menschen herausgebildet haben. In Gegenden extremer Hitze oder Kälte brennt der Gedanke aus, oder er erstarrt. Montesquieu schreibt: »In Gegenden, wo außerordentliche Hitze den Körper entnervt, erschlaffen die Menschen so sehr, daß nur die Furcht vor Strafe sie zur Ausführung der notwendigen Arbeiten zwingt. Hier ist die Institution der Sklaverei eine Notwendigkeit.«

Das wußten die europäischen und amerikanischen Sklavenhändler, als sie die Neger von der Goldküste herüberholten. Heute gibt es eine neue Lösung: die Maschine, der Robotsklave. Aber Dichter dürften in dieser Landschaft sehr einsam sein.

New Mexiko

Von morgens bis abends fahren wir durch New Mexiko, vierhundert Meilen weit. Zwischendurch gibt es einen Aufenthalt für das Mittagessen und abends für den Kaffee. Von der Grenze Arizonas aus ist es eine kurvenreiche, in den Fels gehauene Bergstraße. In der Tiefe unter den Felsen liegt die Wüste. Aber diese Wüste ist bereits Einöde ohne Kakteen und Pflanzenwuchs.

In der Höhe ist die Bergstraße breit und glatt. Auf den kurvenreichen, gewundenen Serpentinen kommt der Wagen oft ins Schleudern, die Bremsen kreischen. Der arizonische Sonnenschein ist entschlafen, als hätte man die Lichter einer Opernausstattung gelöscht. Am Himmel schweben dunkelgraue Schneewolken. Im Süden beginnt es zu schneien. Den ganzen Weg über herrscht in New Mexiko Schneesturm bei eisiger Kälte.

Unterwegs sieht man bewohntes Gelände selten, Tiere und Menschen überhaupt nicht. Binnen weniger Stunden ist eine solche Änderung des Klimas eingetreten, als wenn man von Griechenland nach Norwegen reist.

Im Schneesturm steht einsam ein Gasthaus am Wege, das »Post House«, wo man warme Getränke und Konservenmahlzeiten anbietet. Neben dem Kassenautomaten im Ausschank sitzt eine ältere, sorgfältig geschminkte, flachsblonde Frau. Sie liest ein Romanheft. Verträumt sieht sie auf die Gäste, fern von allem, was ihr interessant sein könnte, inmitten der Felsen von New Mexiko, seinen vereisten und verschneiten Gipfeln, inmitten der Cowboys: eine Art hiesige Madame Bovary. Kurzsichtig und beleidigt blickt sie auf die Reisenden. Eine sonderbare Einsamkeit umgibt sie.

Texas

An der Grenze von Texas ändern sich Wetter und Landschaft. Die Sonne brennt, am Straßenrand tauchen Palmen und Zypressen auf. Hier gibt es kleine Städte mit Holzhäusern und gassenreichen Vorstadtvierteln, in denen Neger auf der Terrasse sitzen. Eine schmucke, protzig weite Gebäudegruppe am Straßenrand im spanisch-maurischen Stil, ein kalkweißer Palast, ist das Gefängnis.

Auf dem Gipfel eines hohen Gebirges, des Mount Franklin, erschließt sich das Tal den Blicken. Der Berg ist dreitausend Meter hoch. Im Tal, das tausend Meter über dem Meeresspiegel liegt, windet sich der Rio Grande. An seinem Ufer liegen zwei Städte am Fuße der Sierra: auf der Seite von Texas El Paso, auf der andern Seite des Flusses Juarez, die große mexikanische Grenzstadt.

Es dunkelt bereits, als wir an der ersten Ölquelle von Texas vorbeifahren.

Im Motel gibt es ein richtiges Appartement: Schlafzimmer, Wohnraum, Bad, mit einer vollkommen eingerichteten Küche, Fernsehgerät und Radio – und das nicht einmal teuer. In der Vorhalle des Motels kaufe ich Ansichtskarten von El Paso: Ein buntgedrucktes Photo zeigt das hiesige Gefängnis, an dem wir kurz vorher vorbeigekommen sind. Das Gefängnis ist hier eine Sehenswürdigkeit, man zeigt es auf Ansichtskarten wie in Chartres die Kathedrale.

Die Männer tragen breitrandige Cowboyhüte und gehen in Stiefeln, die Hände in den Taschen. Die Gesichter wirken bäuerlich. Sie haben einen sympathisch offenen Blick, sind kindisch hochmütig, aber gleichzeitig offenherzig und verschwenderisch.

Genau vor hundert Jahren wurde hier der erste Angelsachse geboren, ein Yankee namens Crosby. Bis dahin hatten hier nur Indianer, Mexikaner und Spanier gelebt.

El Paso, diese Stadt am Ufer des Rio Grande, auf einer Hochebene erbaut, wirkt nach dem Provinzialismus der kleineren und größeren Städte von Arizona fast großstädtisch. Die Straßen sind breit, die Anlage der Stadt großzügig, die Geschäfte strahlend. In dem Ölland rinnt und tropft ein wenig von dem großen Reichtum auf alle und alles. Die Stadt mit ihren kleinen Wohnhäusern umfaßt einen Bereich von hundertfünfzig Quadratkilometern. Platz ist reichlich vorhanden. Texas ist einer der an Fläche größten Staaten der USA – nur das Gebiet Alaskas ist größer –, seine Fläche beträgt eine halbe Million Quadratkilometer. Dieses Land ist ausgedehnter als ganz Westeuropa. Etwa zehn Millionen Menschen leben hier. Von dem landwirtschaftlichen Texas des vergangenen Jahrhunderts mit seinen Ranchos und Cowboys findet man noch viele Spuren. Aber die Agrarlandschaft wurde bereits unverkennbar von der industriellen Wüste der Ölfelder, der Welt geheimnisvoller Reichtümer, abgelöst.

Eisiger Wind. In der Nacht Schneefall. Zitternd bummeln die Mexikaner auf den breiten Straßen der Grenzstadt in dem Februarsturm. Täglich strömen 30 000 Mexikaner herüber nach El Paso, um zu arbeiten oder Arbeit zu suchen. Diese Grenzgänger kommen legal, mit Ausweis, zu Fuß oder im Autobus an. Abends gehen sie nach Mexiko, auf die andere Seite des Rio Grande, zurück nach Juarez, der großen Grenzstadt, und in die mexikanischen Dörfer am anderen Ufer. Im Sommer treffen auch hier zu Hunderttausenden die »Wetbacks«, die »nassen Rücken«, ein, einwandernde schwarze Saisonarbeiter, die den Rio Grande durchschwimmen. Der große Strom ist jetzt völlig ausgetrocknet, jeder kann ihn nachts durch das Flußbett trockenen Fußes überqueren. In der Zeit der sommerlichen Überschwemmungen aber schwillt der Rio Grande auf eine Breite von drei Kilometern an.

Im »Post House« sah ich zum erstenmal hier im Westen über dem Eingang zu einem Warteraum die diskriminierenden Aufschriften: »Men« und »Colored men«.

Am Morgen besuche ich das kleine Museum, einen eingeschossigen georgianischen Bau mit weißen Wänden und Säulen, voll mit Erinnerungsstücken, die auf die kurze und abenteuerliche Vergangenheit der Stadt hinweisen. Eine russische Bibel mit kyrillischen Buchstaben war einst Eigentum des Zaren Nikolaus. Da ist eine Fächersammlung einer Dame aus Texas aus dem vorigen Jahrhundert, ein Koran aus Kambodscha – dann amerikanische Möbel, einige schöne Tische und Armsessel in kolonialem Stil, auch Empire- und Windsorsessel. An die Kämpfe im Wilden Westen erinnert eine Sammlung von Waffen. Dieses Sammelsurium ist in seinen Einzelheiten banal, als Ganzes jedoch interessant, denn man spürt daran die Anstrengung, mit der einige hierhergekommene Leute innerhalb kurzer Zeit zwischen Fels und Wüste eine Zivilisation zu schaffen suchten.

In einer Glasvitrine liegen Erinnerungsstücke an das kurze, tragische mexikanische Abenteuer der Österreicher Maximilian und Charlotte: das Opernglas der Kaiserin und einige Juwelen. Der Mexikaner Juarez, zu dessen Ehren man die benachbarte Grenzstadt so genannt hat, hielt sich in El Paso verborgen und leitete von hier aus den Aufstand, der Maximilian den Garaus machte. Das Opernglas und die Juwelen; diese bescheidenen Gegenstände waren Requisiten eines merkwürdigen Dramas. Im wesentlichen war dieses Drama nichts anderes als ein mißlungenes Börsenmanöver der Großmächte an der Pariser Börse. Es ist eigenartig, hier am Schauplatz die bescheidenen Wertobjekte eines österreichischen Edelmannes zu sehen, der tragisch und zynisch geopfert worden ist.

Das Interessante der Sammlung sind einige schöne präkolumbische Tongefäße aus dem mexikanischen Casas Grandes. Die Motive des Geschirrs sind konventionell; auf einem rätselhaften Wanderweg der Motive brachte eine Zivilisation auch hierher die konventionelle Formensprache, genauso wie sie oft völlig gleichartige Motive nach China und Birma gebracht hat. In gewissen Epochen der Reife oder des Verfalls der Zivilisation bringt die menschliche Phantasie gleichzeitig identische Formen der Ornamentik hervor. Zur Begründung der Theorie von den »wandernden Motiven« fehlen noch immer die Atlantiden, die vermittelnden Stützpunkte als Beweise. Wahrscheinlicher ist, daß die Motive in den Seelen der Menschen wandern – nicht so sehr im Raum wie in der Zeit, gemäß dem Stundenplan der Entelecheia. Das ausgezeichnete Buch des Harvarder Vaillant, die große Datensammlung über die Azteken Mexikos, führe ich auf der Reise mit mir. Vaillant schreibt eher den Wanderungen, den Immigranten und Emigranten, dann der Begegnung mit den fremden Kulturen der Tolteken und der Mayas den Einfluß auf die religiösen, später konventionellen Abwandlungen der Stile zu. Das war auch in Ägypten so. Alles kann auf den Stil Einfluß üben – wahrscheinlicher aber ist, daß innerhalb eines Stils im Menschen etwas geschieht, etwas erfüllt ihn mit Überdruß, oder er sieht und spürt es anders und findet eines Tages ganz neue Ausdrucksformen.

Eine außerordentlich höfliche und dienstbereite alte Dame leitet das bescheidene Museum allein. Begeistert zeigt sie den vielen Kram, aber mit einer Hingabe, in der die Bitte eines gelehrten und gebildeten Menschen um Verzeihung enthalten ist. Sie weiß genau den Unterschied zwischen dem Opernglas des Maximilian und den schönen präkolumbischen Krügen der Azteken – sie zeigt das alles und lächelt zwischendurch bescheiden, höflich um Verzeihung bittend.

Dieses Lächeln ist sympathisch. In dieser fernwestlichen Welt will der kleine georgianische Palast etwas sagen: Bewußt sammelte man einige charakteristische Meisterwerke der mexikanischen Kultur aus den konventionellen und individuell-religiösen Epochen und stellte sie in Glasschränke, dazu noch die Gewehre und Messer der Helden der Romantik von Texas, so auch eines David Crockett, die romantischen Bedarfsgegenstände eines wilden, erobernden Bauerngeschlechts. Während wir plaudern, gewinnt wieder die Frage Gestalt, die jeden reisenden Europäer hier Tag und Nacht begleitet: Was tut sich in der Seele des Amerikaners, wie ist seine Zivilisation?

Die Sonne scheint durch die Flügelfenster. Die weißhaarige, elegante und bescheidene Frau, die wahrscheinlich viel mehr von der Kunst der Azteken, Tolteken und Mayas gelernt hat und weiß als ich, der Besucher, der sich von Europa hierher an die Grenze von Texas und Mexiko verirrt hat, bietet mir Platz an und erlaubt mir, eine Zigarette zu rauchen. Sie zieht Schubfächer heraus und zeigt mir seltene Kännchen, die noch nicht katalogisiert sind. Sie erklärt fachkundig, ich höre fachunkundig zu.

Hier, am Rande von Texas und Mexiko, machen Weiße aus Öl, aus dem Acker, der Weide und dem Gold »irgend etwas«. In dieser wilden Welt kämpfte der Bauer mit den Indianern, Mexikanern und Spaniern, dann auch mit den vielen Überraschungen der industriellen Zivilisation – er kämpfte und siegte. In der Umgebung des Museums mit seinen weißen Mauern wohnen die in Texas angesiedelten Bauern in Häusern mit Schwimmbädern und haben ihren Cadillac. Hier gibt es eine Schule, eine Universität, ein Krankenhaus, auch ein Museum – aber dieser Zivilisation fehlt die Verbindung mit der Zivilisation der Eltern und Ahnen. Die Väter wußten, wenn nichts anderes, in ihren Träumen etwas noch von einer Welt, in der es den Thomismus, Kant und Voltaire gab – sie träumten davon, weil das große Ferment einer Zivilisation der Diskussionsstoff, der Zweifel, das dialektische Ferment ist, und dieses wirkt auf jeden, der in Europa geboren wurde. Diese Weißen hier kennen nicht die zivilisatorischen Impulse, die aus den Zweifeln der Thomisten oder des Kantianismus hervorgingen. Kenntnisse haben sie, aber Zweifel – in dem Sinne, wie noch ihre europäischen Eltern sie geerbt haben – haben sie nicht mehr ... Oder wenn sie sie haben, dann sind es bereits amerikanische Zweifel ... Ihnen fehlt der Impuls der Diskussion.

Diese Dame aber ist alt und nicht nur belesen, sondern auch gebildet ... Vielleicht ist sie in ihrer Kindheit aus Europa hierher nach Texas eingewandert und hat etwas bewahrt, zumindest in der erinnernden Geste eines müden und höflichen Lächelns, was sie von den Reflexen einer andersgearteten Zivilisation behalten hatte. In Amerika unterhält man sich gern, aber man diskutiert nicht gern – der Puritaner schlägt dann die Augen nieder, weil der Streit unanständig ist. Hier in dem kleinen Museum von Texas begannen wir zu debattieren über Maximilian, über Juarez, darüber, wie eine kleinere, alte Kultur in der unmittelbaren Nachbarschaft einer großen industriellen Zivilisation ihre Eigenart bewahren kann. Bei solchen seltenen Debatten habe ich immer das Gefühl: Was mir, dem Menschen europäischer Herkunft, ein Erlebnis ist, das ist für die Amerikaner, selbst für die Gebildeten von ihnen, selten etwas anderes als Tatsache und Information. Die Amerikaner wissen viele Daten und möchten sie genau verläßlich wissen – an den Phänomenen und Problemen jedoch gehen sie vorbei, sie photographieren, registrieren und katalogisieren alles, was die Welt zeigt. Aber sie möchten dem Fremden, Bunten, Ungewohnten nicht erlebnishaft nahekommen. Sie wollen einen Impuls nicht verfolgen, vor dem antreibenden Ellenbogenstoß einer Kultur weichen sie aus. Von allem wollen sie eine Sammlung und ein Archiv, aber die Zivilisation, die Kultur möchten sie ohne euro-

päische Einflüsse nach ihrem eigenen Bild, nach amerikanischen Vorstellungen formen. Das spürt man hier auch
in der Literatur. In alldem ist die trotzige Abwehr eines
aufrührerischen »minority-complex«, aber auch etwas
anderes – man hofft, eine eigene amerikanische Kultur
aus eigener Kraft ohne europäische Impulse hervorbringen zu können.

In der öffentlichen Bibliothek von El Paso sitzen viele
junge Leute im Lesesaal. In den Regalen stehen französische und spanische Bücher, darunter viele in Mexiko
gedruckte spanische Bände. Es ist das eine der rätselhaften Strömungen spanischer Geistigkeit in der Weltliteratur – auf den Märkten geistiger Produkte erscheinen
diese neuen mexikanischen, südamerikanischen Dichter
noch selten, aber in ihrer engeren Heimat weiß man von
ihnen bereits, man wartet und hofft auf sie.

Am frühen Nachmittag geht es die Bergstraße hinauf zu
dem Steilweg des Halbkreises des Mount Franklin, des
Gebirges, das die Stadt umgürtet. Von einer Kurve in der
Höhe kann man weit in das Land sehen: das breite Flußbett des Rio Grande, die beiden fast ineinandergebauten
großen Städte El Paso und Juarez, die internationale
Brücke, über die der breite Pan American Highway,
die große Betonstraße, führt. Wenn sie fertig ist – die
Straßenstrecke in Nordamerika und Mexiko ist bereits
soweit –, dann können sechs Reihen Kraftwagen von
Kanada bis nach Chile und dem Feuerland fahren. Auf
der gleichen vollkommenen Straße kann der Autosport-
ler über die breiten Geschwisterkontinente hinwegreisen,
wo heute vierhundert Millionen Menschen leben, aber

noch weitere fünfhundert Millionen Platz, Nahrung und alles sonst Notwendige finden können. Diese Perspektive ist mit europäischen Maßen schwer auszudrücken.

Im Tal liegt das Fort Bliss, jetzt Versuchsgelände für Raketen und Raumgeschosse. Es liegt Rauhreif, und die Kälte knistert, es ist ein wie Schneekristalle weiß funkelnder Wintertag. An dem Berghang sieht man überall Wohnsiedlungen mit Holzhäusern und Gärten, darunter einige luxuriöse Villen. Viele zehn Millionen solcher Holzhäuser gibt es in Amerika – die Bevölkerung der Großstädte verläßt immer bewußter die stickigen Innenviertel der Stadt, in die die Farbigen einrücken. Dieser Wanderungsprozeß ist jetzt in Amerika allgemein. Frank Lloyd Wright, der große und manchmal bedenklich moderne amerikanische Architekt, prophezeite, daß die traditionellen Formen der amerikanischen Stadt vollkommen aufgelöst werden. Der Amerikaner ist der Stadt müde und sucht seinen Platz in der leeren Landschaft. Das ist ein weiterer Schritt in der langsamen Landnahme.

Es geht über den Rio Grande auf der Brücke, die die Grenze zwischen beiden Ländern bildet. Auch hier verlangen die mexikanischen Behörden keinen Ausweis. Auf der anderen Seite steigt ein klug aussehender junger Mexikaner mit Brille in den Wagen. Er stellt sich als Begleiter vor.

Juarez

Es ist die Stunde, in der die mexikanischen Grenzgänger aus den Vereinigten Staaten zurückkehren. Zehntausende von Indianern gehen hier über die internationale Brücke mit ihrem langsamen, schlendernden Gang. Der Führer spricht mit spanischem Akzent, aber fließend Englisch. Man »darf alles fragen«, sagt er begeistert.

Er redet ohne Pause. Mit dem Stolz und der Unsicherheit eines aufgeregten Kindes erklärt er stotternd und zeigt nach allen Seiten. Hier ist alles anders ... betont er mehrfach herausfordernd. Seit der Revolution, seit der Einführung der neuen Verfassung ist alles anders.

Diese »Revolution« hat vor etwa anderthalb Jahrzehnten einen patriarchalischen Diktator vertrieben, und jetzt geschieht wirklich etwas in Mexiko, das die unmöglichen vorsintflutlichen Besitz- und Rechtszustände ändern möchte. Der Führer schwätzt. Solange der Wagen auf der staubigen Straße Mexikos dahinrollt, versichert der Führer in dem Plauderton eines Lehrers, was alles hier geschehen ist, seit die Revolution die feudal-diktatorische Regierung vertrieben hat und jetzt »in Mexiko eine demokratische Lebensform mit großer Kraft aufgebaut wird«.

Die Andersartigkeit, die mich erst kürzlich fast körperlich berührt hat, als ich in Tijuana die mexikanische Grenze überschritt, wirkt hier, am Ufer des Rio Grande, noch näher, schreiender, körperlicher und menschlicher.

Die Stadt, durch deren Straßen wir fahren, ist wirklich märchenhaft anders als die Nachbarstadt, aus der wir kommen. Auch hier ist alles da, was zu einer modernen Stadt in ihrem Äußeren gehört, breite Straßen, Miet- und Geschäftshäuser, hübsche Gartenhäuser. Doch das Ganze ist gleichzeitig so, wie es vor dreihundert Jahren, in der hierarchischen Zeit der Azteken und Spanier, hätte sein können.

Der Führer ereifert sich bis zur Erschöpfung und zeigt überall herum. Hier ist ein Wohnhaus mit Garten, sagt er stolz, das hier ist eine Elektrische. »Hier wohnt der Tierarzt. Alles lernt ... aber den Kindern gibt man keine Lehrbücher, denn sie würden sie zu Hause verlieren ... man diktiert ihnen nur«, sagt er heiser und zuckt die Achseln. Dann aber sagt er unvermittelt traurig: »Das hier ist Old Mexiko ...« und zeigt auf eine schmutzige Seitenstraße. »The land of mañana«, sagt er still und vertraulich, als wenn er eine Schwäche eingestünde.

Die Anklage, die von den Sprechern der unterentwik-kelten Länder und von den Kommunisten immer wieder erhoben wird, lautet dahin, daß die Völker der west-lichen weißen Länder sechzehn Prozent der Erdbevölke-rung darstellen, daß aber diese sechzehn Prozent siebzig Prozent der Güter der Erdkugel besitzen und genießen. Diese Anklage ertönt hier, auf den Straßen Mexikos, ganz laut. Warum das? Von der Straßenecke kann man auf das andere Ufer des Flusses, nach El Paso, hinüber-sehen. Diese Nachbarstadt, das nordamerikanische El Paso, war vor wenigen Jahrzehnten genauso eine mexi-kanische Stadt, wie es noch heute Juarez ist. Aber das Lebensniveau ist infolge der harten Arbeit und der see-lischen Kraftanspannung der westlichen Ankömmlinge für die arbeitenden nordamerikanischen Massen, für das landwirtschaftliche und industrielle Proletariat auf der anderen Seite des Flusses in einem Maß gestiegen wie vielleicht sonst nirgends auf der Welt.

Das ist hier, an einer Straßenecke von Juarez, schreiende Wahrheit – aber auch anderwärts ... Am Nordufer des Rio Grande haben wenige Ankömmlinge binnen kurzer Zeit bei völlig gleichen Klima- und Bodenverhältnissen eine so hohe Zivilisation aufgebaut, wie es die Einheimischen am Südufer des Flusses, in dem Bereich der großen Zivilisation der Azteken und Mayas, bisher nicht vermochten. Die Überflutung mit Menschen, diese biologische Überschwemmung, die die Länder Mittel- und Lateinamerikas genauso bedeckt wie diejenigen Afrikas und Asiens, ist das größte Problem unseres Jahrhunderts. Und diese biologische Bombe ist furchtbarer als die Atombombe. Die farbige Landbevölkerung der Welt – unter ihnen auch diese auf den Straßen von Juarez bummelnden Bauern mit brennenden Augen und fettigem Haar, die Indianer, Mestizen, Mulatten und ihre farbigen Rassenbrüder – machen heute Dreiviertel der ganzen Menschheit aus. Diesen Massen, die sich in geometrischer Proportion vermehren, muß man nicht nur Boden geben, sondern auch Lehrer und Erzieher. Ein Fachmann, der die Bevölkerung eines indianischen oder mexikanischen Dorfes unterrichtet, wie man Kanäle anlegen, Brunnen desinfizieren und wie man mit Hilfe von Antibiotika, aber auch mit einer Umstellung der infolge von religiösen Tabus und auch sonst eingewurzelten Lebensgewohnheiten den gefährlichen Prozeß, die Übervölkerung verhindern kann – ein solcher Fachmann kann mehr tun als jede Reformtheorie.

Aber wer sollte es hier sein? Diese Frage schreit ebenfalls aus Mexikos Straßen heraus, aber auch aus den Städten und Dörfern aller unterentwickelten Gebiete. Ruiz Cortines, Mexikos Ministerpräsident, erklärte 1957, daß die Einschulung von drei Millionen Kindern nicht möglich war, da es an Gebäuden und Lehrern fehlte.

Hier, am Südufer des Rio Grande, beginnt ein Problemkreis, dessen Horizont sich über Ozeane und Erdteile erstreckt und der in seinen letzten Auswirkungen die Antwort darauf gibt, wie man den ideologischen und machtmäßigen Gegensätzen unseres Jahrhunderts antworten kann.

Vico, der neapolitanische Geschichtsphilosoph, begründete im achtzehnten Jahrhundert eine Zyklentheorie, die die gesellschaftliche Entwicklung unter den Perspektiven der Theokratie, der Aristokratie und des Chaos sah. Können die Bewohner der farbigen und wirtschaftlich zurückgebliebenen Welt aus den überlebten Gesellschaftsformen der Theokratie und Aristokratie mit Hilfe der Demokratie, der freien Marktwirtschaft und des privaten Unternehmertums den Weg finden, der am Chaos vorbeifährt?

Der mexikanische Cicerone redet immerfort. Jetzt zeigt er Standbilder, so das Monument für Benito Juarez, den siegreichen Gegner Maximilians, dann eine merkwürdige – nach den öden und konventionellen nordamerikanischen Standbildgruppen wohltuend lebendige – Skulptur: mächtige wilde Stiere, die in der Herde zur Arena getrieben werden. In dieser Bronzegruppe sind Kraft und Originalität. In der Stadt gibt es auch zwei Stierkampfarenen: die eine neu wie ein richtiges Kolosseum aus Beton erbaut, die alte aus Brettern und halbverfallen. Der Führer weist auf den Stall der Stiere, wo die Tiergladiatoren gehalten werden. Das blutige Spiel ist auch hier wie überall in der spanischen Welt das Ereignis der Woche. Jeden Sonntag werden Stierkämpfe abgehalten – vormittags geht man in die Messe, nachmittags in die Arena. Die neue Arena faßt zwanzigtausend Plätze, und der Führer sagt, sie seien sonntags alle besetzt.

Diese Peonen von Juarez, die legal oder schwarz täglich zu Tausenden über den Fluß in die Vereinigten Staaten schwimmen – hier in Texas, dann auch in Kalifornien und New Mexiko –, sehen und beobachten das andere Lebensniveau, das das System der freien Wirtschaft den arbeitenden Massen bietet. Sie sehen, daß Demokratie und freie Wirtschaft trotz aller Unzulänglichkeiten ein so starker sozialer Antrieb sind, daß weder ein System zurückgebliebener Mañana-Hierarchie noch die Dawai-Autokratie damit den Wettbewerb nachhaltig aufnehmen kann. Sie sehen den Arbeiter, der im großen Auto sitzt und ein eigenes Haus hat …

Aber sie sehen auch etwas anderes. Sie sehen, daß das Leben »drüben« einen hohen Standard hat, aber auch außerordentlich teuer ist. Und der hochbezahlte nordamerikanische Arbeiter ist mit Steuern, Gewerkschaftsbeiträgen, sozialen Aufwendungen und dann auch mit den ihm gegen Kredit aufgedrängten, zu einem hohen Lebensstandard notwendigen Überflüssigkeiten wie übergroße Autos, zu viele maschinelle Hilfsmittel und Kosten für Hand- und Hilfsarbeit schwer belastet: Dieses bedeutet etwas wie eine Öde, die mit dem Opium von Eiskühlung, 200 PS starken Motoren und Fernsehgeräten kompensiert werden soll. Mag sein, daß die Langsam-

keit, mit der das Volk Mexikos auf das Beispiel der demokratischen Zivilisation antwortet, nicht nur »Mañana«,
sondern auch Mißtrauen ist. Eisenhower hat schon vor
Jahren gesagt, das Verhältnis von Preisen und Löhnen
habe sich in Amerika derart gestaltet, daß die Aufrecht-
erhaltung des Systems der freien Wirtschaft zweifelhaft
wird, wenn nicht Unternehmer und Arbeiter ihren Pro-
fitanspruch und ihre Lohnforderungen mäßigten. Die
mexikanischen Peonen hier auf der Straße, aber auch die
Milliarden Menschen in den zurückgebliebenen Gebieten
sehen auch das, wenn sie den amerikanischen Lebensstandard beobachten.

Es dämmert. An dem anderen Flußufer funkeln die
bunten Lichter von El Paso. Welchen echten Sinn hat
jener Antrieb, der am andern Flußufer binnen weniger
Jahrzehnte eine industrielle Zivilisation von hohem
Niveau geschaffen hat? Es ist nicht nur die Profitsucht –
sie ist nur eine Begleiterscheinung des großen Experi-
ments. Es kann sein, daß vor allem und für immer der
wahre Antrieb für alle großen und erfolgreichen menschlichen Unternehmungen die Freiheit ist. Die amerikanische Unabhängigkeitserklärung, dieses Pietätsobjekt in
dem beleuchteten Glasschrein des Palastes in Washington, ist eines der präzisesten Grundgesetze der neuzeit-
lichen Geschichte. Jedes ihrer Worte spricht das Leben,
den Menschen an, nicht eine abstrakte Idee, sondern
den lebenden Menschen. Das ist ihre große Kraft, ihre
Wahrheit. Die Forderung von »pursuit of happiness« ist
eine menschliche Forderung – die Frage ist nur, was in
Wirklichkeit »happiness« ist? Dem Amerikaner werden
jeden Augenblick verschiedene Möglichkeiten des Glücks
angeboten – vom Staubsauger bis zur Weltanschauung.

Ist er aber glücklich oder nur »happy« – ohne glücklich zu sein?

Abends ein langsamer Spaziergang in Juarez. Da ist eine schöne Kirche im Barockstil, die Wände weiß angestrichen, vor den Altären edle mexikanische Schmiedearbeiten. Einer amerikanischen Touristin, die in Hosen gekommen ist, zieht man in der Sakristei einen sackartigen Leinenrock an, nur so darf sie die Kirche betreten. Die Mauern sind anderthalb Meter dick, die Altäre mit antiken Schnitzereien aztekischer Künstler geschmückt. Es ist die Missionskirche von Nuestra Señora de Guadalupe. Auch hier gleiten die Gläubigen auf Knien vor den Altar.

Draußen auf den Straßen rattern Maultierkarren, gleiten amerikanische Autos vorbei – südlicher Lärm im Neonlicht der Kinos. Ein Priester ist auch hier nicht zu sehen.

Die schlendernde und wandernde Masse auf der mexikanischen Straße zieht den Fremden in langsamem Wiegen mit sich und schleppt ihn wie die Welle eines großen Stroms. Der mexikanische Indianer hat etwas Vornehmes, Aristokratisches, Menschliches und Wohlwollendes an sich, dessen Reiz sich niemand entziehen kann. Diese müde Masse will keinen Profit oder Erfolg in dem Sinne, wie die Menschen in der Demokratie nach Nutzen und Erfolg streben ... Schade, daß Tocqueville vor hundertfünfzig Jahren nicht den Rio Grande überschritten hat. Er und unzählige andere Amerikareisende sahen ausgezeichnet, was in der Demokratie die Triebkraft ist: der Stimulus der Freiheit. Aber die Freiheit hat auch ihren Preis. Für den Lebensstandard muß man mit

Robot und Anstrengung zahlen … und Robot ist auch dann Robot, wenn der Stundenlohn im Durchschnitt so hoch wie in der nordamerikanischen Demokratie ist. Der mexikanische Indianer arbeitet, er lebt unendlich bescheiden, ein Auto und ein Haus hat er nicht. Aber diesen ruhigen Blick menschlicher Güte und Vornehmheit, der hier aus den Augen schlendernder Indianer strahlt, habe ich drüben am anderen Ufer des Flusses noch niemals gesehen.

Die Wohnhäuser der mexikanischen Straßen tragen Ornamente, die mitunter sehr bunt sind. Da und dort findet man Motive, die von den Spaniern hier verblieben. In Nordamerika ist das Ornament von der Außenfläche der Häuser fast verschwunden, zumindest ist es selten und wirkt dann immer wie eine antikonformistische Kundgebung … hier ist es natürlich. Zum Leben gehört das Überflüssige, Nebensächliche, Zwecklose. Die mexikanischen Indianer wissen das noch.

Vielfach hört man die Hoffnung, daß im Laufe des kalten Krieges einmal der Augenblick eintritt, wo die Sowjets, China und die übrigen kommunistischen Staaten gezwungen sein werden, das System der Diktatur zu lockern, weil die kommunistische Welt im Zeitalter der Technik nur dann an der Macht bleiben kann, wenn sie der Intelligenz mehr Freiheit gewährt. Und – so sagen die Hoffenden – mit dem Essen kommt der Appetit. – Aber das ist nicht sicher. Es soll auch sein, daß mit dem Essen der Ekel kommt. Die amerikanische Lebensform läßt sich nicht »exportieren«. Manchmal scheint es selbst fraglich, ob diese lärmende, auf dem Profitprinzip aufgebaute amerikanische Lebensform für die Massen Amerikas anziehend bleiben wird. Die Einwohner Mexikos wie auch alle zurückgebliebenen Völker wollen ein besseres Leben, einen gesünderen und zeitgerechteren Lebensstil, menschenwürdige Wohnungen und die Hilfsmittel der technischen Zivilisation ... Es ist jedoch nicht sicher, ob der in die Kommune gezwungene chinesische Kuli – der vermutlich den Kommunismus, dieses unmenschliche, gewaltsame und grausame Experiment, haßt – oder der indische Paria, der in der Frühperiode der demokratischen freien Wirtschaft eine neue Lebensform sucht, oder der mexikanische Peon – ob diese alle geneigt sind, die amerikanische Lebensform anzunehmen und für ihre Annehmlichkeiten den Preis zu bezahlen, den sie schließlich doch kosten ... Die Amerikaner beginnen zu verstehen, daß man niemanden gegen seine Neigung und Natur glücklich machen kann: weder den Mexikaner noch den Inder, noch den Chinesen, vielleicht nicht einmal die Amerikaner selbst.

Amerika exportiert auch hierher: nicht nur Coca-Cola, Kühlschränke, Kraftwagen – soweit es eben geht –, sondern auch anderes. Hinter der geschäftigen amerikanischen Exportkulisse erscheint immer wieder der Pionier, der Idealist, der einsame Amerikaner, der als Arzt, Erzieher, Krankenpfleger, Feldmesser in den zurückgebliebenen Gebieten siedelt. Er verläßt zusammen mit seiner Familie sein Paradies mit Klimaanlage, Kühlschrank und eigenem Haus in Texas oder Colorado und begibt sich in die lateinamerikanischen Wüsten oder in die Berge Asiens und Afrikas, als Lehrer einer Zivilisation, der westlichen Zivilisation ... Gleich nach dem Bekehrer tritt der gelernte Pionier überall in der Welt auf, der nicht Glauben verkündet, sondern bescheiden und selbstlos, ohne persönliche und unmittelbare Hoffnung auf Profit ein Beispiel zeigt, Tricks lehrt, Erfolge nachweist ... Wirklich »exportiert« Amerika das in die Welt: diesen sehr bescheidenen, sonderbaren Idealismus, den man aus dem modernen ideologischen und kommerziellen Lärm schwer heraushören und wahrnehmen kann. Darum ist er doch Wirklichkeit.

Houston

Morgens um halb elf starten wir auf dem Flugplatz von El Paso mit dem viermotorigen »Goldpfeil« nach Houston an der Südostgrenze von Texas. Die Entfernung von Südwesten nach Südosten in diesem Staat beträgt mehr als tausend Kilometer. Vor wenigen Tagen reiste ich durch den südwestlichen Teil von Texas im Wagen von morgens bis abends ... und mit dem Wagen, aber auch mit dem Flugzeug habe ich tausend und noch viele hundert Kilometer immer in Texas zurückgelegt. Da erhält der Reisende ein ungefähres Bild von den Entfernungen innerhalb des amerikanischen Kontinents.

Aber diese ungeheuren Räume sind für menschliche Siedlungen vielfach völlig ungeeignet. Überall sieht man Felsen und Wüste, deren nicht einmal die moderne Technik Herr werden kann. Der große amerikanische Raum ist voll solcher versteinerter Breiberge. In Texas saugen jetzt bereits Bohrtürme gierig das unter der kahlen Oberfläche verborgene Energiematerial, das Öl, aus dem Boden. Aber auch hier gibt es gewaltige Gebiete, die völlig unbenutzbar sind.

Auf dem Flugplatz scheint eine Februarsonne wie in den Alpen. Aus der Höhe sieht man am Berghang eine merkwürdige Gebäudegruppe, einen Teil des Texas Western College, der hiesigen staatlichen Universität. Sie ist zwischen Bergen und Hügeln in einer Art tibetanischem Baustil, ähnlich dem Potala-Kloster in Lhasa, errichtet.

Die große Maschine erhebt sich in der breiten, besonnten winterlichen Luftströmung, dann fliegen wir drei Stunden über die Landschaft von Texas. Der Komfort ist auf diesen inneramerikanischen Luftstrecken fast beängstigend. Die Passagiere – Agenten, hiesige Unternehmer und Farmer – nehmen diesen Luxus bereits mit verdrießlichem Gleichmut hin. Die hübschen Stewardessen bieten sofort Cocktails, dann einen ausgezeichneten Lunch mit Sekt, Wein und Filet Mignon an. So leben die kleinen Könige der Welt. Für einen Moment lebe auch ich so.

In dem strahlenden Sonnenschein fliegt die Maschine ruhig. Keine Wolken bedecken die Landschaft, in monotoner Konsequenz zeigt sich unten die Wüste von Texas mit ihren Öltürmen. In San Antonio landet die Maschine für einige Minuten; dann erheben wir uns wieder, und bald darauf erscheint in der Ferne der Golf von Mexiko, der Atlantische Ozean.

Dieser Anblick erweckt in mir die beruhigende Vorstellung von etwas Bekanntem. Das Gefühl ist lächerlich. Aber der Atlantische Ozean ist jetzt für mich, der von der Küste des Stillen Ozeans kommt, wirklich ein Bekannter. Seit acht Jahren sehe ich ihn in New York jeden Tag – soweit man freilich in New York den Ozean sehen kann –, jedenfalls atme ich jeden Tag seinen Dunst, vor meinem Fenster spüre ich die Strömung von Ebbe und Flut. Das ist *mein* Ozean – und in dieser großen Fremde beruhigt und erheitert das Wiedersehen.

Neben mir sitzt ein junger und sympathischer Amerikaner. Er kommt aus Alaska, schlummert unterwegs etwas, erst der Sekt macht ihn wach; durstig trinkt er gleich drei Glas hintereinander. Wie er sagt, ist das Leben in Alaska so teuer, wie es wohl in der Zeit des Goldfiebers in Kalifornien gewesen sein dürfte. Er ist mitteilsam, höflich, gut gelaunt. Jetzt geht er nach Mexiko, denn »er hatte genug von der Kälte«. Dieser neue Pioniertyp fliegt heute über Erdteile so, wie wir in die Untergrundbahn steigen.

Die große Maschine fliegt gleichmäßig ruhig ohne Flattern und Schwanken. Diese Flugzeuge bieten dem Passagier das Gefühl vollkommener Sicherheit. Die Gefahrenkomponente ist bei ihnen nicht größer als bei allen anderen Verkehrsmitteln. Auf meiner langen Reise hatte ich bisher nur einmal ein Gefühl der Unsicherheit: als vor einigen Tagen auf den verschneiten, mit Eis oder Reif bedeckten glatten und kurvenreichen Straßen von New Mexico der Wagen ins Rutschen kam. Aber hier oben über den Wolken fühle ich mich heimisch und geborgen.

Nachmittags gegen drei Uhr erscheint in der Tiefe das Panorama von Houston. Eine Million Menschen lebt hier am Südostrand von Texas, achtzig Kilometer vom Ozean entfernt. In regelmäßigen Quadraten erstreckt sich das geheimnisvolle Stadtbild am Rande der Prärien – jene Märchenstadt, von der es heißt, daß sie auf das Zauberwort der Vereinigten Staaten entstand und nun die am schnellsten wachsende Menschensiedlung ist. Das Öl und das Erdgas von Texas haben hier in kurzer Zeit, binnen weniger Jahrzehnte, eine Million Menschen hergelockt; und diese erbauten sozusagen mit der linken Hand am Rande der Wüste eine moderne Großstadt. Die Stadt ist durch einen tiefen Kanal mit dem Meer verbunden. Die großen Ozeanschiffe können auf diesem künstlichen Kanal bis zu den Ufern der Ölstadt mit ihren Lagern heraufkommen.

Im Tal sind die einstöckigen Wohnhäuser für eine Million Menschen aneinandergereiht – dann aber gibt es auch die Wolkenkratzer der Downtown, des Geschäftsviertels. Der winterliche Sonnenschein zeigt diese Märchenstadt der Wüste vor der Landung in ihren vollen Ausmaßen. Das Bild ist interessant, es ist das einer Stadt, die überhaupt keine Sehenswürdigkeit hat außer eben ihrem Stadtbild selbst.

Der Flugplatz, auf dem wir landen, ist wie alles hier erst vor kurzem erbaut. Er ist eine Art Musterstück des Modernen, Zweckmäßigen, Großzügigen: die Wartesäle, die eisgekühlten Lager. Auf dem Laufband bringt und holt man das Passagiergepäck, die Limousinen warten auf der Ankunftsseite in überglasten Gängen auf die Reisenden, die sichtlich nicht geneigt sind, auch nur einen überflüssigen Schritt zu Fuß zu tun. Der Kraftwagen fährt ab, am Horizont der Wüste von Texas erscheinen plötzlich Wolkenkratzer.

Von weitem wirkt der Anblick, als zaubere ein atmosphärisches Phänomen an den Rand der Steppen und Wüsten von Texas die Silhouette von Manhattan. In dem dunstigen Hintergrund des nachmittäglichen Lichts wirkt das Stadtbild pathetisch, hochmütig. Die protzig und energisch wachsende Stadt zeichnet die Planskizze der eigenen nagelneuen Existenz in den blauen Himmel.

An der Straße, die durch die Wüste in die Stadt fährt, ist jedes Wort der Reklame ein Superlativ. Diese Reklametafeln an den Straßen verpesten überall die amerikanische Landschaft. Der Reisende erfährt im Fluge, daß dies die »Ölhauptstadt der Welt ist«, hier ist die »höchste Gedenksäule der Welt« zu sehen, ein Obelisk, der zur Erinnerung an die »Schlacht von Texas« errichtet wurde, ein Scharmützel, in dem ein Mann namens Sam Houston die »Unabhängigkeit von Texas« erkämpft und das große Gebiet von Mexiko abgetrennt hat.

Die Reklame an der Straße unterrichtet, daß hier die »meisten Ölraffinerien« bestehen, daß »von hier die meiste Baumwolle exportiert« wird, hier die »meisten Schiffe gebaut« werden und der »meiste synthetische Gummi« hergestellt wird. Man spürt, daß diese vielen Superlative etwas überschreien sollen: eine Art lümmelhafter Unsicherheit.

Also immer und vor allem das meiste und das schnellste ... Doch da braust der Wagen an einem kleinen, ländlichen Friedhof vorbei. Dieser ist ganz winzig, denn die Bewohner dieser Stadt sind erst kürzlich angekommen und fanden noch keine Zeit zu sterben. Das Branchentelephonbuch im Hotel aber ist fast ebenso dick wie das von New York – 1300 Seiten. Dieser Unterschied zwischen den Ausmaßen des Friedhofs und des Branchentelephonbuchs ist ebenfalls kennzeichnend für die krankhaft wuchernden amerikanischen Ölstädte: Die Menschen haben hier noch keine Zeit zu sterben, die Branchentelephonbücher jedoch sind bereits überall kräftig angeschwollen, weil die Einwohner tags und nachts Geschäfte machen.

Das Auto eilt durch die Main Street. In den Dämmerstunden herrscht hier ein Trödelbetrieb, als wandere die ganze Million Bevölkerung Houstons auf dieser häßlichen langen Straße. Hier gibt es kein Haus, mit dessen

Fassade der Architekt etwas anderes hätte zum Ausdruck bringen wollen als das Nurnotwendige, das Nurnützliche. Am Fuß der Wolkenkratzer ducken sich verhutzelte einstöckige Hütten – überall findet nur das Platz und Duldung, was gerade für den Augenblick »nützlich« ist, da man blitzschnell aus dem Nichts, aus der Wüste, im Ölschmutz etwas errichtet, von dem nur das Detail wichtig ist, nicht das Ganze.

Die Wolkenkratzer bestehen aus dem Material unserer Zeit, aus Beton, Metall und Glas. Man gibt nicht den Fenstern und Toren eine edle Linie, sondern zeichnet etwas in den Himmel – in den Einzelheiten schmucklos, im Ganzen aber entsteht ein Stadtbild, das wie eine Vision wirkt, so großzügig ist es.

Den Begriff »schön« muß man hier ganz beiseite tun, ein Korrelat im Sinne von Kant oder Aristoteles gibt es hier dafür nicht. Hier ist alles »anders«. Die amerikanische Stadt ist fast überall öde, monoton, zweckmäßig – Meisterwerke der Architektur sind eine Seltenheit, die öffentlichen Parks gleichförmig, das Auge ruht sich nicht in der kühlen Stille einer schönen Hausfassade oder eines edlen öffentlichen Baues aus wie in einer Oase. Aber Houston ist anders »öde« – es ist das bewußt und trotzig. Von Stadtplanung, einheitlichem Baustil, vom Schönen, Schmuckhaften, von einer Absicht, den Geschmack zu befriedigen, findet sich nirgends eine Spur. Hier und da steht ein gedrungenes Standbild, manchmal sieht man kleine Parks mit welkem Pflanzenwuchs – dann aber in langen Straßenreihen überall nur das, was nützlich, billig, schmucklos ist – schnell, schnell! Eine Million Menschen will hier nicht »leben«, sondern nur Geschäfte machen, Geld verdienen. Diese unverhüllte Absicht, dieser wilde

Egoismus und schonungslose Wille ist selbst in Amerika
selten.

In der Main Street von Houston bummeln in den Abendstunden die Bauern der Umgebung in ihrer Cowboy-
tracht. Dazwischen schlendern die ständig wandernden
Neger, Pakete in der Hand: Sie gehen von ihrem Arbeits-
platz zu ihrer Wohnung, oder sie kommen vom Süden
und wandern gegen Osten und Norden, wo es keine Rassentrennung gibt ... etwa nach New York, das keine
Segregation, aber ein Harlem hat.

In den Transportmitteln, den Autobussen, der Bahn
oder dem Flugzeug, gibt es hier im Süden keine Absonderung – auf der Fahrt hierher fuhr ein junger Neger
mit uns im Flugzeug. Still und einsam saß er da, niemand sprach mit ihm, auch er redete niemanden an. Am
gemeinsamen Essen nahm er nicht teil und trank auch
keinen Sekt.

In dem augenblendend öden Stadtbild stechen wild
und aufdringlich die großen Geschäfte, die zehnstöcki-
gen Bürohäuser, riesige Lager- und Warenhäuser hervor.
Das Hotel gehört zu den modernsten, die ich unterwegs
sah. Der große Magnet, die Ölkonjunktur, zieht Abenteurer, Kaufleute und Proletarier an. Und diese Großstadt in der Sandwüste, nicht weit vom Meer entfernt, an
dem Ufer des künstlichen Kanals, dessen Wasserstraße
die Schätze von Texas auf das weite Meer hinausträgt,
all das zeigt – ohne Schönheit und Ornamentik – etwas
Mächtiges.

Hinter den Geschäftshäusern, den wolkenkratzer-
artigen großen Bauten der vor Geschäftigkeit strotzenden
Stadt ist der Wille des Privatmenschen spürbar – dieses

mächtigste Stimulans im großen Prozeß unseres Jahrhunderts, die Privatinitiative, die erregende Spannkraft der Aufgabe, die potentielle Befriedigung im schonungslosen Wettbewerb. Wer hier empfindsam oder schöngeistig sein will, wer nicht rücksichtslos rechnet, nicht mit Klauen und Zähnen arbeitet – der ist rettungslos verloren. Es gibt da kein Erbarmen.

Das ist hier stark zu spüren. Gleichwohl haben diese Stadt unter solchen Vorbedingungen nicht chinesische Kulis noch Muschik-Arbeitstiere auf Befehl, bei Verpflegung aus dem Kochgeschirr und der Gulaschkanone erbaut, wie es mit den Neusiedlungen in China oder Sibirien geschah – sondern Privatleute, freiwillig, aus eigener Kraft, ohne äußeren Zwang, mit dem großen Pathos des individuellen Krafteinsatzes. In dieser häßlichen und mächtigen Stadt von Texas spürt man, daß für den westlichen Menschen, auch in der Welt der Massen, das Prinzip der Privatinitiative und der freien Produktion die große Triebkraft bleibt. Nachts blätterte ich im Branchentelephonbuch. Was schuf hier doch binnen weniger Jahrzehnte jedes erdenkliche Fach innerhalb aller erdenklichen Spielarten und Möglichkeiten! Was schuf hier der stärkste Motor, die tiefste, ewige Kraftquelle menschlicher Unternehmungen: das Individuum, das jeder Mißgunst und Gefahr trotzend etwas zu seiner eigenen Befriedigung produzierte? Die Amerikaner berauschen sich oft an dem Opium der großen Zahlen und Statistiken, sie werden trunken an ihrer Masse und sehen darin ihre Kraft! In Wirklichkeit ist auch heute und ewig der Privatmann, der Unternehmungsgeist des einzelnen die Kraftquelle. Er macht auch heute Amerika – nicht ein

System oder eine Idee, die anderswo das Individuum aufzehren.

Bei Eintritt der Dunkelheit verstummt die Stadt mit ihrer Million Einwohner ganz sonderbar. Kaum ein Mensch geht auf den Straßen. Auch der Wagenverkehr ist nicht lebhaft. Sichtlich flüchten die Leute des Abends in die Umgebung. In dieser schmucklosen, öden Stadt lebt man nur tagsüber, wenn man Geschäfte macht. Nur wenige Menschen treiben sich des Nachts in den Gasthäusern und Bars herum. Ich gehe in eine katholische Kirche: In dieser geschäftigen Stadt, wo fast überall die Schiffssirenen dröhnen, ist die Stille des dunklen Kirchenschiffs eigenartig. Dicht vor dem Altar knien zwei junge Leute, beide verbergen ihr Gesicht in den Händen. Diese zwei machen jetzt keine Geschäfte ... Aber sicher ist das nicht. Vielleicht beten sie eben wegen einer Ölquelle, die zu versiegen droht. Und vielleicht erhört Gott ein solches Gebet.

Nach dem Prospekt ist Houston »die am besten gekühlte Stadt der Vereinigten Staaten«. Das Klima ist hier bereits südlich, wüstenartig. Wirklich wird die Stadt tags und nachts mit Maschinen gekühlt. In diesem technischen Komfort, im gekühlten und geheizten Zustand kann man überall in Amerika eine murrende und nörgelnde Unzufriedenheit wahrnehmen. In Wahrheit leben hier die Leute zu bequem eine Art unbequemes Leben.

Kann ein Künstler in dieser Stadt, in der nur auf Nutzen bedachten Welt leben? Das ist nicht wahrscheinlich, denn hier ist Zeit Geld. Und zu der *art* gehört ebenso wie zum *artisan* vor allem anderen Zeit. Zum Spiel braucht man viel, zur Kunst unbedingt Zeit. In Ägypten erfanden die Priester die Mathematik erst, als sie reich geworden waren, als sie dazu Zeit hatten. In diesem reichen Provinzleben Amerikas gibt es eine Art besondere Unzufriedenheit. Diesem ging der *artisan* verloren, in der Zeit der Automation braucht man den Handwerker nicht mehr ... aber die Freude, die eine nach eigenem Geschmack und Plan ausgeführte Arbeit bereitet, ist das tiefste Lustprinzip ... Schließlich ist der schaffende Mensch dennoch die Ornamentik der Schöpfung. In Amerika hat ein jeder die Möglichkeit, zu arbeiten und Geschäfte zu machen, auch das kann Befriedigung bieten. Aber die Freude fehlt der Arbeit, die *art* fehlt der Beschäftigung.

Auf Reisen haben der Geschichtsschreiber und der Schriftsteller die gleiche Aufgabe: Beide müssen in der Landschaft die Geschichte zu erkennen suchen. In Houston ist die Geschichte nicht Vergangenheit, sondern Gegenwart. Der Krämer, der Ölsucher, der Transporteur, der Ingenieur, sie machen hier in der Wüste aus Stein, Metall, Glas und Öl täglich Geschichte. Dann wird eines Tages ein Dichter oder Künstler herkommen und auf den Profit das Überflüssige, auf das Notwendige das Ornament setzen. Aber dieser Tag ist noch fern. Bis dahin ist das Leben der verwöhnten Massen – trotz Kühlung und Heizung – farblos und freudlos.

Vormittags bin ich in den Vorstädten. Überall stehen die üblichen Einfamilienhäuser für 15 000 Dollar – billige, aus Weichholz hergestellte, mit Mörtel als Tapete eilig und oberflächlich angestrichene amerikanische Fertighäuser mit ihren Terrassen. Diese Häuser sind nach hiesigen Begriffen billig ... in Wirklichkeit ist ihr Unterhalt kostspielig, weil das Baumaterial weich und zweitrangig, die Installationen oft Ausschuß sind. Zu neunzig Prozent werden die Häuser auf Kredit gekauft, dazu gehört eine Hypothek auf fünfzehn oder zwanzig Jahre – die Banken gewähren sie gern. Aber die Hypothekenzinsen und die Tilgung, ferner die obligatorische Versicherungsprämie, dann die Haus- und Grundstückssteuer, die örtlich verschieden sind – mancherorts können sie außerordentlich hoch sein, wenn Schulen und Straßen fehlen –, dazu die Reparaturkosten, die hier, wo der Lohn für Handarbeit jede Kalkulation unverhältnismäßig belastet, besonders hoch sind, dann die Heizung, Wasserversorgung und Müllabfuhr – das alles zusammen steigert die Kosten für ein solches Haus außerordentlich. Gleichwohl lebt man hier so, weil das für die amerikanischen Familien mit ihrer starken Kopfzahl die einzige Möglichkeit von menschlichem Zuschnitt ist. Aber es ist zugleich Lebensform.

Heute durchlebt Amerika zweifellos die Periode der Verbürgerlichung. Von Jahr zu Jahr erheben sich immer neue Gesellschaftsschichten aus dem Proletarierschicksal in den Stand des Kleinbürgers und später des Bürgers. Gesellschaftliche Arriviertheit ist heute nicht mehr das Vorrecht glücklicher Privilegierter, sondern der Ehrgeiz großer Massen des Bauerntums und der Arbeiterschaft. Die allgemeine Erhöhung des Volkseinkommens – diese Erscheinung wird durch die ständige langsame Inflation etwas vernebelt, man weiß nicht ganz genau, ob das Einkommen wirklich gestiegen ist oder ob nur die Zahlen angeschwollen sind –, die vielen Teilhaber an den Gütern einer mit höchster Tourenzahl produzierenden industriellen und technischen Zivilisation, die erhöhten Lebensansprüche der arbeitenden Massen, das alles beschleunigt mit jedem neuen Wirtschaftsjahr die Herausbildung eines anspruchsvolleren Mittelstandes.

Die vielen zehntausend Einfamilienhäuser der Vorstädte Houstons bieten – wie überall in Amerika Millionen solcher Häuser – der aus dem Proletariat in den kleinbürgerlichen, dann in den bürgerlichen Stand aufsteigenden Bevölkerung ein Heim. Nach den Jahrzehnten schwerer Prüfungen der Pionierzeit, des Monopolkapitalismus und der industriellen Revolution gelangten die Güter und Werte der nationalen Produktion in die Hände der Massen. Diese neuen amerikanischen Bürger verlangen nun einen ihrem neuen Stand entsprechenden Lebensrahmen, also vor allem ein Haus mit Terrasse. Dann eine Garage und einen Kraftwagen. Im Hause Fernsehgerät, Kühlschrank, notwendigen und überflüssigen Komfort aller Art, Waschmaschine und elektrisches Haushaltsgerät. Wenn der erste Hunger gestillt ist, verlangt man nach anderem: eine bürgerliche Lebensart, Bildung und Selbstbewußtsein.

Houston ist in Reinkultur das unverhüllte, echte, moderne Amerika, etwas wie ein großes Ausstellungs- und Versuchsgelände. Was man hier sieht, ist zugleich Verheißung und Gefahr: Verheißung, daß die Menschen im Zeitalter der Masse müde und gleichgültig gegenüber den monotonen Schlagworten werden, die eine Vernichtung des bürgerlichen Lebensniveaus prophezeien. Es ist nicht wahr, daß in unserer Welt das bürgerliche Lebensgefühl, der Ehrgeiz nach der Verbürgerlichung ausgestorben sind. Vielmehr ist wahr, daß immer neue Bevölkerungsschichten an dieser Lebensform beteiligt sein wollen.

Die Gefahr besteht, daß der Amerikaner, der so verwöhnt wird und sich selbst so verwöhnt, allzuleicht und ohne jeden Übergang zu den Freuden des technischen Tischlein-deck-dich gelangt ist. Es ist die Frage, wer wohnt in dem 15 000-Dollar-Haus, der neue Bürger oder der neue Parvenü? In Europa hat der Bürger, der dritte Stand, im Laufe der geschichtlichen Entwicklung hart um seine Stellung als Bürger gekämpft.

Sputnik und Mondrakete sind gewiß große Schöpfungen ... aber überall in der Welt interessiert die Menschen noch immer die menschliche Möglichkeit unmittelbarer als die übermenschliche. Eine Dreizimmerwohnung mit Terrasse ist für Milliarden von Menschen noch immer interessanter als das Problem, wie man in der Mondrakete wohnen und existieren kann. In dieser funkelnagelneuen Stadt von Texas, in diesen funkelnagelneuen Häusern leben Menschen innerhalb eines wirtschaftlichen und sozialen Systems, das auch Mondraketen bauen, zugleich aber wirklich der Bevölkerung ein billiges, brauchbares Dach bieten kann. Die industrielle Revolution in Amerika, deren Kraftquellen die Privatinitiative, die freie Wirtschaft und das Individuum sind, ist eine Leistung, die – bei allen ihren Fehlern – nicht nur den ins Bürgertum aufsteigenden proletarischen Massen Amerikas, nicht nur seinen gutbezahlten Arbeitern, sondern vielleicht auch den Obdachlosen in Europa, Asien, Lateinamerika und Afrika eine neue Perspektive bieten kann.

In den Straßen von Houston ist diese Möglichkeit zu spüren. Neue Produktionsmethoden, neue Baumaterialien und Montageverfahren, eine neue industrielle Weltperspektive haben sich in den letzten Jahren in Amerika herausgebildet. Wenn die Bevölkerung der unter-

146

entwickelten Gebiete endgültig vor die Wahl gestellt wird, für welche Lösung wird sie sich dann entscheiden: den Komfort der Dreizimmerwohnung oder das globale Massenquartier, die interkontinentale Gemeinschaftswohnung?

Auf der Terrasse des 15 000-Dollar-Hauses in Houston sitzt – wie überall in Amerika – gegen Abend nach der Arbeit der Amerikaner im Schaukelstuhl. Auch dieser Schaukelstuhl ist ein Requisit seines bürgerlichen Wunschtraums.

Die Kataloge geben einem genaue Auskunft darüber, was in dem amerikanischen Modellhaus für 15 000 Dollar vorhanden ist: was für Möbel, was für ein Kühlschrank, Fernsehgerät oder Auto. Aber – die Frage wirft sich immer wieder auf – was geht im amerikanischen Menschen vor, der auf seiner Terrasse im Schaukelstuhl sitzt?

Keine Woche vergeht, ohne daß auf den amerikanischen Bücherregalen neue Bücher und Studien erscheinen, die neue, noch unerschlossene Gebiete der menschlichen Psyche erforschen. Und die Amerikaner lesen nichts so gern und gierig wie diese »Landschaftsbeschreibungen«, die auf die außerordentlich verwickelte Frage zu antworten trachten: Was geht in der Seele des Amerikaners vor sich? Was befürchtet er in Wahrheit, woran freut er sich wirklich, worauf hofft er, und was lehnt er unbedingt ab?

Der Mann in seinem Schaukelstuhl auf der Terrasse des Fertighauses in der Straße von Houston ist sicherlich ein Patriot, aber wahrscheinlich kein Nationalist. Der Patriot liebt, was ihm gehört. Der Nationalist haßt, was einem anderen gehört. Die Amerikaner lieben Amerika, weil es das ihre ist, aber sie hassen niemanden, denn sie wollen nichts von der Welt. Diese Erfahrung macht ein jeder, der die verschiedenen Gebiete des großen Landes bereist und mit den Einheimischen spricht.

Diese Erfahrung ist allgemein. Die andere geht dahin, wie genau der im Durchschnitt nicht gebildete, mit Radio- und Zeitungsinformationen vollgestopfte, selbstbewußte Durchschnittsamerikaner die in der ganzen Welt bekannte Karikatur kennt, die im Osten die Kommunisten, im Westen die amerikafeindliche Propaganda einzelner intellektueller Kreise von Amerika zeichnen. Diese Karikatur zeigt schematisch den amerikanischen Kapitalismus, die dortige politische und soziale Lage, die Struktur des Wirtschaftslebens: Nach ihr ist Amerika das reiche imperialistische Land, wo die Millionäre den Krieg vorbereiten, wo die Großindustrie der Regierung ihr Diktat auferlegt, wo hinter dem Aushängeschild der Zivilisation ein neuer Barbarismus in Entwicklung begriffen ist, wo es kein religiöses Leben, nur starre Sekten gibt, wo der Geist zum Opfer roher Geschäftigkeit wurde. Der Amerikaner auf der Terrasse – der in die Welt hinausblinzelt – weiß um diese Karikatur.

Was ist die Wahrheit, an die er glaubt? Niemand kann darauf antworten. Wie Rodins *Denker* auf der Höhe des Hügels bei San Francisco sitzt, so sitzt hier in der Wüste von Texas der Amerikaner auf seiner Terrasse – Millionen und Hundertmillionen Amerikaner hier und anderwärts jeden Abend nach der Arbeit – und gafft in die Welt, die neidisch, feindlich, wütend und erregt erfahren möchte, was es nun eigentlich ist, was in der Seele des Amerikaners auf die Fragen der Welt antwortet.

Wahrscheinlich weiß es dieser Mensch: Amerika hat der Welt noch nicht geantwortet. Die industrielle Zivilisation ist keine Antwort. Er weiß, daß diese Zivilisation einesteils aus dem Wagen der Fortuna gefallen, anderenteils der Büchse der Pandora entsprungen ist: ein gefährliches Geschenk, denn im elektrischen Eisschrank der Welt liegt auch die Wasserstoffbombe. Weiß er auch, daß Amerika, wenn es in den vergangenen zwei Jahrzehnten auf die Weltfragen geantwortet hat, oft falsch und so kurzsichtig wie in Jalta geantwortet hat? Weiß er, daß er, der Amerikaner, ein entscheidendes Wort in den Weltfragen spricht und der Verantwortung dafür nicht mehr ausweichen kann?

Das alles weiß er vielleicht – vielleicht nicht mit seinem Verstand, sondern in seinem Innersten. Ein großes Volk weiß immer um sein Geschick und seine Verpflichtung. Rodins *Denker* zerbricht sich den Kopf um ewige Dinge. Als Rodin dieses Standbild in Bronze goß, da lebte der Mensch noch in dem Bewußtsein, daß er – zwischen den Polen von Geburt und Tod – einen eigenen Willen hat und über sein Schicksal entscheidet.

Der Amerikaner hat heute andere Sorgen. Kürzlich schrieb ein Atomphysiker in einer amerikanischen Zeitschrift: »Bisher wußten wir, daß jeder Mensch eines Tages stirbt. Heute aber ist möglich, daß alle Menschen an einem Tage sterben.« Das persönliche Schicksal wurde so entpersönlicht. Der Atomphysiker fügte hinzu: »Bisher wußten wir, daß der Mensch sterblich, die Menschheit hingegen unsterblich ist. Nun ist damit zu rechnen, daß die Menschheit sterblich ist.« Der Denker – derjenige auf der Terrasse des amerikanischen Modellhauses –, rechnet auch er damit?

Ende 1958 füllten Kühlschränke, Autos, elektrische Bügeleisen, Toaströster, Radio- und Fernsehgeräte im Werte von fünfunddreißig Milliarden Dollar die amerikanischen Häuser. Die Käufer tilgen diese Schulden binnen zwölf, manchmal zwanzig, manchmal sogar dreißig Monaten: Das Teilzahlungsgeschäft ist in den letzten Jahren auf einen Zeitraum von mehr als zwei Jahren umgestellt worden. Die meisten dieser auf Kredit gekauften Waren verbrauchen sich innerhalb von zwei oder drei Jahren. Eine Reparatur ist so kostspielig, daß es für den Käufer vorteilhafter ist, einen neuen Kredit aufzunehmen und neue Ware einzukaufen. 1960 belief sich dieser Teilzahlungskredit, der die Eigentümer der amerikanischen Fertighäuser belastet, bereits auf vierzig Milliarden Dollar. Natürlich ist der Hypothekarkredit von diesem für Bedarfswaren gewährten Kredit unabhängig: Er beträgt etwa das Siebenfache der genannten Summe. In Amerika beträgt die Verschuldung von Privatleuten insgesamt etwa dreihundert Milliarden Dollar. Die Verschuldung der Bundesregierung belief sich auf etwa 280 Milliarden Dollar. Auf jeden neugeborenen Amerikaner – der Bevölkerungszuwachs der USA beträgt durchschnittlich jährlich drei Millionen – entfällt eine staatliche und private Verschuldung, die dem Anteil an 600 Milliarden Dollar entspricht.

Diese Verschuldung, die zu einem Teil die Folge des »status seeker«, des sozialen Ehrgeizes der aufsteigenden Massen, des »keep up with the Johnnier«, des Wetteifers mit dem Nachbarn, ist, muß ständig getilgt werden. Den Einkauf von Gebrauchswaren erleichtert eine Kreditpolitik, die einer der stärksten Motoren des modernen freien Wirtschaftssystems ist. Die Amerikaner glauben daran, daß sie das Recht und die Möglichkeit haben, auf Kredit, auf Abzahlung und Tilgung einen so hohen Lebensstandard zu führen, wie sie es tun. Wie weit läßt sich die Aufnahmefähigkeit des inneren Marktes steigern? Wie lange kann das System ständig steigender Löhne und wachsender Produktion bei dieser gleichzeitigen Warenteuerung konkurrenzfähig bleiben? Nicht nur in der Welt, wo Japaner, Deutsche, Italiener, Franzosen, Engländer und Skandinavier bei billigeren Produktionsbedingungen eine Art Qualitätskonkurrenz begonnen haben – die Ankündigung der Sowjets, daß sie in Bälde mit einer ähnlichen Qualitätskonkurrenz auf dem Weltmarkt erscheinen werden, braucht man nicht als unmittelbare Gefahr anzusehen, aber man darf sie auch nicht für eine leere Drohung halten –, sondern hier, auf dem amerikanischen Binnenmarkt, tauchen in großen Massen und in scharfem Wettbewerb alle möglichen billigen Qualitätswaren aus dem Ausland auf. Aus politischen Gründen ist die Zeit der Schutzzölle vorüber: Die Völker der Welt erhoffen von Amerika keine Geschenke, sondern wollen auf dem großen amerikanischen Binnenmarkt Handel treiben. Fünfunddreißig Milliarden Dollar jährlich Kredite für Gebrauchswaren bedeuten Luxus und Optimismus. Aber die Amerikaner glauben an ihr Recht auf diesen Luxus und Optimismus.

Nachts lese ich in der Hotelbar, wo schnapstrinkende Agenten die Reklamesendungen im Fernsehen hören, einen Vers von Rilke. Das kleine Heft habe ich in dem Buchladen des New Yorker Flughafens im letzten Augenblick gekauft:

… Die Städte aber wollen nur das ihre
Und lärmen lauter mit Metall und Glas …

In Houston haben diese Zeilen Rilkes Gestalt angenommen.

Was man hier in Houston wie in einer riesigen Retorte als Fund empfindet, das ist die »verewigte Revolution«, die merkwürdige amerikanische Revolution, die nicht nur eine wirtschaftliche und soziale Veränderung, sondern auch ein ideeller und ethischer Prozeß ist. Diese Revolution ist Wirklichkeit ... obgleich vielleicht diejenigen stark simplifizieren, die ihren Ursprung in jener Entscheidung Fords suchen, der mit einem – damals wirklich revolutionären – Entschluß aus dem Arbeiter einen Verbraucher machte, der über das Existenzminimum hinaus das zum Erwerb der von einer Zivilisation erzeugten Güter notwendige Einkommen erzielt. Das war ein großer Augenblick ... dem unausweichlich die progressive Einkommensteuer, der zweite Eckstein der amerikanischen Revolution, folgte und darauf im Augenblick der Krise, als das große Land für eine Rechts- oder Linksrevolution reif war, nun jedoch nicht mehr in ideellem, sondern in praktischem und gefährlichem Sinn – der New Deal ... Aber das Wesen der »amerikanischen Revolution« ist wohl nicht einmal dieses, sondern die ständige »revolutionäre Atmosphäre«, innerhalb derer der amerikanische arbeitende Mensch die geistigen und materiellen Güter einer Zivilisation nicht nur als Verbraucher beansprucht, sondern zu ihrem wirklichen Besitzer werden will. Die 250 000 Aktionäre von General Motors – zu einem guten Teil Arbeiter – spekulieren nicht mehr, sondern handeln als Besitzer.

Es mag sein, daß die amerikanische Revolution in dieser unendlich gefährlichen Epoche der Experimente zur Entwicklung der menschlichen Welt eine Antwort formuliert hat, deren Sinn es ist, daß Amerikas Zivilisation die einzige ist, die nicht auf Prinzipien und Ideen, sondern auf menschlichen Ansprüchen aufgebaut ist. Nicht die fanatische Idee ist in dieser Zivilisation das wichtige, sondern der Mensch, für dessen Privatleben man aus der Idee einen menschlicheren Zuschnitt finden mußte. Rodins *Denker* dachte noch über die Idee nach. Der amerikanische Denker grübelt in seinem 15 000-Dollar-Haus mit Terrasse darüber nach, wie man das Leben noch heute persönlich bequemer, gesünder, brauchbarer ... wie man aus dem theoretischen Kanon ein Leben machen kann. Diese Alltagsaufgabe erregt den Amerikaner viel mehr als jede Utopie. Aber Bequemlichkeit und Nützlichkeit sind noch nicht Freude ... und ohne Freude gibt es keine Bildung und Harmonie. Von dem Bequemen bis zum Harmonischen ist der Weg weit. Und die amerikanischen Menschen, die im Geisteszustand einer Art verewigten Nomadentums mit fünfzig Millionen Kraftwagen über die endlosen Straßen des großen Landes jagen, haben diesen Weg noch nicht beschritten.

Louisiana

Im Morgenlicht geht es über die kotigen Straßen von Houston. Unmittelbar an der Stadtgrenze erscheint die Vision der Ölquellen und Raffinerien: inmitten der gespensterhaften Öde die wie Mücken gierig saugenden und schlürfenden Bohrtürme und die dicken, silberfunkelnden Reservoire. Der Anblick enthält etwas von den Visionen eines Hieronymus Bosch.

Die Ausmaße der Raffinerieanlagen sind wirklich amerikanisch: Hunderte von haushohen Öltanks stehen nebeneinander wie Wohnzelte aus Blech, von einem wilden Stamm von Marsbewohnern errichtet.

Nach dem Überschreiten der Grenze von Texas mutet die erste Stadt fast französisch an: La Fayette. Im Gasthaus an der Straße bietet man starken, guten Espressokaffee an, nicht »amerikanischen Kaffee« – noch nie gab es auf der langen Strecke bisher so dampfenden, giftstarken Mokka. Die bedienenden Mädchen rauschen in Seide, sie haben ein schreiendes Make-up, zierlich eilen sie hin und her. Das Kreolische erscheint auf der amerikanischen Bühne ohne jeden Übergang.

Die verschiedenen Rassen, Lebensgewohnheiten, landschaftlichen Besonderheiten lösen einander im amerikanischen Raum mit der gleichen Buntheit ab wie in Europa. Das Äußere der Wohnsiedlungen ist zweckgebunden, aber menschliche und landschaftliche Vielfalt melden sich oft lauter als in Europa.

An den Haltestellen lagern hier bereits überall Neger in Wartesälen und Speiseräumen mit der Aufschrift »colored«. Aus den Augen der südlichen Neger droht dieser irgendwie betäubte und schläfrige, zugleich aber gefahrverheißende Blick. 1719 brachte man zum erstenmal Neger von den Küsten Guineas hierher – fünfhundert von ihnen wurden so nach New Orleans importiert.

In einem Nebenraum des Speisesaals sitzt an einem gedeckten Tisch einsam eine Negerdame – sie ist voller Würde, dick, hübsch, jung, sie trägt ein ausgeschnittenes Seidenkleid, eine Federboa, einen aufgeputzten Hut, den Handschuh an einer Hand und einen Sonnenschirm. Sie wirkt wie die Primadonna einer Negeroperette vom Ende des vergangenen Jahrhunderts.

Fast ohne Übergang wechselt die Landschaft ins Tropische hinüber. Überall sind Sümpfe und Dschungelbäume, die wie Trauerweiden aussehen. Von den Eichen und Eukalyptusbäumen hängt eine für die Tropen charakteristische Parasitenpflanze herab, eine Art wogender Bart. Es ist das Spanish moss, die *Tillandsia usneoides*. Hier nennt man es »Greisenbart«. Dieses bartartige Parasitengewächs ist im Haushalt der tropischen Natur ein nützliches Haustier: Gierig verschlingt es den Dunstgehalt der Luft und trocknet die dampfige Treibhausatmosphäre. Eine lange Autostraße führt zehn Stunden lang durch die Sümpfe und subtropischen Wälder nach New Orleans über Baton Rouge zur Hauptstraße des Staates Louisiana – die amerikanische Bundesstraße leuchtet von geheimnisvollen Lichtern. Diese vielen Millionen bunte Lampen an der Straße wirken wie das rätselhafte Augenblinzeln einer Zivilisation.

New Orleans

Gegen zehn Uhr abends kommen wir in das Hotel, in dem ich ein Zimmer bestellt hatte. Achselzuckend werde ich abgewiesen: Es ist die Woche des »Mardi Gras«, die Zeit der touristischen Sehenswürdigkeiten des hiesigen Faschingsrummels. Dann sind die Zimmervorbestellungen ungültig. Schließlich finde ich in der Canal Street in einem ziemlich schmutzigen und teuren Hotel ein Zimmer – der Portier tröstet mich damit, daß ich die unvergleichliche Sehenswürdigkeit von meinem Fenster aus verfolgen kann; wie aus der Loge darf ich den großen Karnevalszug sehen.

Die Canal Street – etwa wie die Canebière in Marseille – ist eine lärmende bunte Avenue. Noch um Mitternacht johlt die Fasching feiernde Menge vor meinem Fenster. Jeden Abend kommt hier der Karnevalszug, eine geschmückte Autokarawane, vorbei. In der Mitte der Straße hat man die Bogenlampen nach Art von Lampions verkleidet, im Schmutz der Straße liegen Papierschlangen und Konfetti.

Um Mitternacht gehe ich über die Canal Street in dem Faschingsschmutz zwischen tanzenden Negern. Der Lärm und das Gedränge erinnern an die bunten Nächte der Hafenstädte am Mittelmeer. Schreiend und lachend torkeln die Neger in dem nächtlichen Rummel. Und überall sieht man Massen von Kreolen – diese merkwürdige Mischung, hier geborene Nachkommen der Spanier, die weiß sind, aber vermutlich doch einen Tropfen farbigen Blutes in sich tragen –, Mulatten und Mestizen. Italiener, Deutsche und Yankees, die hier später eingetroffen sind, leben noch heute räumlich abgesondert.

Auch nach Mitternacht jauchzt die Menge wild, man läßt Raketen und Knallfrösche knallen. Alles ist wie Marseille und Nizza zur Karnevalszeit – aber auch anders, bunter, schmutziger, ansteckender.

Nach Mitternacht kehre ich in einem deutschen Gasthaus einer Nebenstraße ein. Eine jodelnde Kapelle empfängt mich – die Schuhplattler mit ihren Tiroler Hüten im Gamsbartschmuck wirken hier in New Orleans etwa so wie in München ein Trommelorchester, das aus Negern mit Lippentellern besteht. Nach dem Abendessen hilft mir ein alter deutscher Kellner in den Mantel. Das ist mir in Amerika zum erstenmal passiert.

Vormittags gehe ich hinaus in den City Park. Der Weg führt durch moderne Stadtviertel, durch die abgesonderten Wohngebiete der Deutschen, Italiener und Yankees, die abseits des Franzosenviertels liegen, nach dem öffentlichen Park mit seinen Palmen, Eichen und Seen. Das Wetter ist lau und frühlingshaft – in der Woche des »Mardi Gras« wandere ich ohne Mantel in der Anlage, in der von den Bäumen, den Eichen, ebenfalls der spinnennetzartige Parasit herabhängt, das »spanische Moos«, das in diesem Klima alle Pflanzen befällt. Der große Park ist fast völlig leer; auf den Teichen schwimmen gelangweilte, hochmütige Schwäne.

Im Museum hängen einige Bilder italienischer Meister dritten Ranges, auch ein Utrillo, ein Derain. All das wirkt ländlich, provinziell – nach den reichen Sammlungen von San Francisco scheint das Museum dieser großen südlichen Stadt ärmlich. Das überrascht, denn die Stadt hat eine geistige Tradition, sie besaß und besitzt noch heute ein geistiges Leben. New Orleans hat immer Schriftsteller und Künstler eingeladen. Viele der Schriftsteller fanden in der bunten, tropischen und lebendigen Stadt am Ufer des Mississippi eine Heimat: Audubon, Lafcadio Hearn, der Autor des berühmten *Buches vom Tee*, und noch viele andere Flüchtlinge. Die Buntheit, das Gemisch, der Eindruck des Unvollendeten, die Gärung riefen wie ein Ferment jene, die in Amerika »etwas anderes« suchten.

Die Stadt ist unruhig und lebhaft pulsierend. San Francisco und New Orleans sind die beiden amerikanischen Städte, wo sich nocheuropäische und bereits nuramerikanische Elemente nicht vermischen; beide tragen Spuren davon, aber der Moment der Katalyse ist noch nicht gekommen. Als die Union vor anderthalb Jahrhunderten die Stadt Napoleon abgenommen hatte, herrschten hier ausschließlich französische und spanische Siedler. Das Viertel, das von den französischen Kreolen erbaut wurde, das »vieux carré«, bewahrt sein historisches Stadtbild so unversehrt, wie man es in den Vereinigten Staaten selten sieht, höchstens im Nordwesten die kleine Provincetown, Fischerdorf und Sommerfrische, wo die Pilgrimfathers vor mehr als dreihundert Jahren gelandet sind. Der Baustil des französischen Viertels von New Orleans behütet pietätvoll die Elemente der französischen Architektur und strahlt damit weit über ganz Mittel- und Südamerika hinweg.

In den Straßen des »vieux carré« sieht man an den mit Patina bedeckten Fassaden alter Häuser vor den Flügelfenstern die schwarzen, spitzenartig geschmiedeten Eisengitter an den Erkern, die für New Orleans charakteristisch sind. Hinter den Fenstern stehen venezianische Leuchter und alte französische Möbel in den Salons. Da ist auch ein Haus, das ein reicher französischer Kaufmann namens Girod eigens dafür gebaut hat, um Napoleon aufzunehmen, nachdem man ihn von der Insel Helena befreit hätte. Nach der Legende hat nur der Tod des Kaisers die Ausführung des Plans verhindert. In den engen Straßen spürt man, daß es hier bereits vor zweihundert Jahren Salons gab, wo man nicht nur Geschäfte schloß, sondern auch debattierte und hofhielt.

Die Innenviertel der Stadt – in denen es keine Spur französischer Tradition gibt – sind öde und lärmend. Überall sieht man den südlichen Schmutz, aber ohne das Strahlen des italienischen und französischen Südens, ohne seine Schönheiten.

Es geht zurück in die engen Gassen des »vieux carré«. Da sind einige vornehme, ruhige, schöne Patios in den zweihundert Jahre alten Wohnhäusern am Jackson Square oder in der Chartres Street und der Royal Street. Das Heine House ist ein Überbleibsel des französisch-kolonialen Architekturstils mit vornehmer Fassade. Auf dem St.-Peter-Platz steht das Haus, wo das kleine französische Theater gespielt hat, in der Rue Royale das Haus der Adelina Patti. In der Chartres Street erhebt sich die St.-Ludwig-Kathedrale. Spanier haben sie erbaut, alte spanische und französische Familien wurden hier beigesetzt.

Alles hat eine Art Duft, Patina. Das »vieux carré« hütet zäh die Tradition, mit einem musealen Ehrgeiz bewacht sie die Vitrinen, die mit spitzenartigen Eisengittern umgeben sind – aber Traditionen hütet man gleichwohl am besten zu Hause. Die Tradition, die hier in der Kolonialzeit eingeführt wurde, wird in der Fremde allmählich zu einem vermotteten Ausstellungsobjekt – nicht nur die Gebäude, der Baustil, die vergitterten Erker, die kolonialen Möbel, sondern auch die Ideen, die nicht hier entstanden sind, sondern von unruhigen Irrfahrern als Import hergebracht wurden.

Am Abend esse ich in einem französischen Restaurant des alten Viertels. Dieses hat nicht nur französischen Anstrich wie etwa die französischen Bistros in New York oder San Francisco, sondern es ist echt: mit sorgsam verwahrten Kellergeheimnissen, mit alten Kellnern, die flüsternd kreolische Leckerbissen, nach Familienrezepten bereitet, anbieten und mit der pietätvollen Umständlichkeit eines Mesners aus dem Keller eine verstaubte, noch spinnennetztragende Flasche Wein eines edlen Jahrgangs heraufholen ... Seit Jahren geschieht es zum erstenmal, daß ich nicht nur esse, sondern ein Mahl zu mir nehme. Das Abendessen ist eine Zeremonie, die liturgische Wiederholung eines uralten Ritus. In dem mit Stuck verzierten Raum herrscht Halbdunkel, sorgsam sind die Tische mit schwerem Silber, Damast und gutem Porzellan gedeckt. Der alte Kellner erklärt bedacht die Bestandteile der Bouillabaisse – leider, so sagt er, gibt es hier keine Langusten, auch keinen Hummer, und das Fleisch des Lobsters sei bitter. Das verstimmt uns beide; aber das Leben ist ein harter Kampf, man darf nicht empfindlich sein. Auch um den Rotwein entwickelt sich eine längere Beratung. Schließlich bestelle ich Bauernwein, wie der »vin du pays« der Gegend von Marseille – er ist fast schwarz, herb, etwas moussierend. Hinter seiner Brille beobachtet der Kellner andächtig spähend, wie ich die Fischsuppe koste und den Wein schlürfe … Der Kolonialstil des Lebens im Süden liegt in allem, es ist subtropische Langsamkeit und Überlegenheit.

Nach dem Abendessen komme ich noch rechtzeitig in die Canal Street, um zu sehen, wie auch heute – wie alle Tage dieser Woche – der karnevalistische Fackelzug angeht und Sterne um sich streut. Er zieht über die lange, breite Straße hinunter zum Ufer des Mississippi. Auf den geschmückten Lastautos fahren in Kostümen aus Tausendundeiner Nacht zwischen Basaren, Lusthäusern und Kulissen von Moscheen Scheherazade, Ali Baba und die vierzig Räuber vorüber, die winken und Konfetti werfen. Polizisten auf Motorrädern begleiten den Zug. Kreolen und Farbige feiern mit kindlicher Freude den kindischen Rummel.

In der bunten Masse wandere ich ohne Mantel in dem Wirbel des Faschings durch die nach Schokolade duftende Nacht, und in dem großen Lärm, in dem Wirrwarr der Farben und Töne krachender Frösche und Raketen kommt mir eine Bemerkung Mauriacs in den Sinn, der schrieb, der Titel des modernen französischen Romans *Bonjour tristesse* klinge für ihn, den alten Mann, jeden Morgen so: »Bonjour desespoir.« Ist das Greisenalter wirklich »tragisch«? Ich altere, spüre aber die »desespoir« nicht. Auf der nächtlichen Gasse der amerikanischen südlichen Stadt spüre ich vielmehr, daß es im Leben etwas Unendliches und Überraschendes gibt; das aber ist vom Lebensalter unabhängig. »Bonjour surprise.«

Die Stadt ist einladend – anders als San Diego, nicht bequem, nicht einmal sauber, aber sie hat Individualität, Geschmack, Duft, Kraft. Auf einem alten französischen Friedhof inmitten der Stadt, dem St. John Cemetery, schlafen unter verfallenen Denkmälern in Grabgewölben Generationen, die zum Sterben Zeit hatten. Seit Napoleon hatten hier bereits viele Zeit zu sterben.

An dem Platz, wo die berüchtigte »Rotunda« gestanden hat, beginnt man mit dem Bau eines neuen Hotels. Die Rotunda, einst City Exchange genannt, war früher die Stätte der Versteigerung von Sklaven. Auch anderes wurde versteigert, so Ingwer, Zuckerrohr, aber zwischendurch auch schwarze Sklaven ... und das nicht einmal vor langer Zeit. 1840 ist die Rotunda niedergebrannt, damals wurde an ihrer Stelle ein Hotel gebaut. 1912 kam Galsworthy hierher und schrieb auch über diesen Platz, der damals bereits ein Maultierstall war. Die Rotunda ist eine beunruhigende Erinnerung dieser Stadt. Was sich im Süden um die Frage der Farbigen angehäuft hat – Interesse, Haß, Hartnäckigkeit, Seelenlosigkeit, Übertreibung und Ungerechtigkeit –, das war ein außerordentlich kompliziertes und im Grunde genommen ganz einfaches Gewebe von Unmenschlichkeit, das hier, in der Rotunda von New Orleans, die kaufmännisch vereinfachte Form angenommen hat. Der Mensch wurde zum Warenartikel der Börse. Christ war auch der, der Menschen kaufte, Menschen, die man abmaß und abwog wie Waren, etwa wie den Ingwer. All das ist längst vorbei – so sagt man. Die Rotunda wurde niedergelegt. Der Bürgerkrieg zwischen Nord und Süd brachte die ersten Worte der großen Frage, doch wurde die Antwort auch hier nicht mit letzter Konsequenz gesprochen. Und die Rotunda gespenstert noch immer in der Erinnerung der Farbigen und der Weißen.

Es geht hinaus zum Ufer des Mississippi, wo ein amerikanischer Flugzeugträger ankert. Der Strom – wie der Hudson, wie der Rio Grande – ist in seinen Ausmaßen unwahrscheinlich, er erinnert an keinen einzigen Strom Europas. Es ist, als hätte sich der Ozean inkognito und maskiert zu einem Ausflug auf das Festland begeben.

Das große Schiff kam zu einem Ehrenbesuch an das neblige Ufer des Stromes. Auf seinem Deck stehen Flugzeuge mit zusammengeklappten Flügeln. Was hat ein solches Kriegsschiff in der Epoche der Wasserstoffbomben für einen Sinn? Welchen strategischen Wert haben die konservativen Formen der Bewaffnung überhaupt? Die großen Staaten wenden ihren Überschuß an materieller und menschlicher Kraft für Waffen auf, aber niemand weiß ganz genau, inwieweit diese in Wirklichkeit noch verwendet werden können. Und weil niemand diese Antwort weiß, rüstet man weiter, im Sinne des Konservatismus und des Atoms ... wie lange? Und niemand kann anders handeln, denn das Menschenschicksal auf Erden ist nicht mehr eine Frage des Verstandes oder auch der Moral, sondern ausschließlich eine Machtfrage.

In der Nähe des Hotels steht an einer Ecke der Canal Street das Standbild Bolívars. Um seinen Sockel sitzen am Morgen und am Abend Neger. Sie warten auf den Autobus, der sie von ihrer Arbeitsstätte nach Hause in ihre entlegenen Wohnviertel fährt.

Die Farbigen aller Rassen Amerikas sehen in Bolívar, dem Spanier kreolischer Abkunft, ihren großen Schutzpatron: den Mann, der die südamerikanischen Gebiete und ihre Bewohner, also die Indianer und die farbigen Sklaven, von dem spanischen und portugiesischen Kolonialismus befreit hat. Aber nicht nur die Farbigen Südamerikas sehen in Bolívar ihren Befreier. Die Puertoricaner in New York blicken genauso andächtig auf das Standbild Bolívars am Central Park, wie hier die Neger von New Orleans sich instinktiv morgens und abends in den Schatten des Monuments ihres Befreiers setzen.

Auf dem Sterbebett sagte Bolívar: »Wir, die wir dieser Revolution dienten, haben das Meer aufgepflügt.« Er hat sich getäuscht; denn schließlich hat – grausam, mit viel Blut, unter furchtbaren Ausschreitungen – etwas begonnen, das für die Hunderte von Millionen Lateinamerikaner eine langsam sich formende, aber unaufhaltsam der Verwirklichung entgegenschreitende neue Lebensform verspricht. Und was mehr wert als alles andere ist: Er gab den Farbigen ein menschliches Rangbewußtsein. Das ist immer wichtiger als die wirtschaftliche Gleichberechtigung. – Ein echtes menschliches Rangbewußtsein kann jedoch innerhalb wirtschaftlicher Abhängigkeit nicht ehrlich sein.

In New Orleans sitzen sie im Schatten des Denkmals Bolívars, schwarz und ernst – aber auch überall in dem großen Land. Es sind ihrer siebzehn Millionen. Jeder zehnte Mensch ist hier Neger. Was wollen diese, wo stehen sie, worauf hoffen sie?

Es gibt keine Frage, die heute Amerika mehr erregt und beunruhigt als diese. Was hier für jeden zehnten Menschen ein Alltagsschicksal ist, bedeutet für die übrigen neun eine alltägliche Verantwortung. »Die vierhundertjährige Weltherrschaft des weißen Mannes ist zu

Ende« – schrieb vor einigen Jahren Stevenson nach einer Weltreise. Und dazu schrieb er: »Die farbigen Völker, also die große Mehrheit der Menschheit, verlangen das gleiche Menschenrecht, dessen Vorteile die Weißen oft zum Schaden der Farbigen lange genossen haben.« Das ist wahr; doch liegt das nicht nur an den Weißen. In seinem Testament hat Washington die Forderung aufgestellt, die Sklaven sollten befreit werden, ebenso John Adams, ebenso Jefferson, der schrieb, »er fürchte den Zorn des Herrn, wenn er über das Problem der Sklaven nachdachte«. Whitman, der Dichter, Emerson, der Schriftsteller, die Bryants, Richter und Philosophen ... alle schreckten vor diesem Problem zurück. Vor hundert Jahren waren die Schlachtfelder dieses großen Landes mit Toten bedeckt, weil in dem Krieg zwischen Nord und Süd mit letzter Konsequenz klargestellt werden mußte, daß jeder von einer Mutter geborene Mensch die gleichen Menschenrechte besitzt.

Was geschah in Wirklichkeit in Amerika mit der Frage der Farbigen in diesen hundert Jahren? Hier im Süden, nahe den Erscheinungen, die denen von Little Rock ähneln, ist etwas von der Wirklichkeit unmittelbarer zu sehen. Aber diese Wirklichkeit ist außerordentlich kompliziert.

Sehr viel ist in diesen hundert Jahren geschehen. Der Neger machte sich auf einen Weg, der ihn zunächst aus der feudalen Sklaverei der Pflanzer herausführte. Das Gesetz hat – auf dem Papier – die Sklaverei beseitigt. Geblieben sind der Farbige und der Weiße, und das in dem Weltbild einer hochrangigen industriellen Zivilisation mit allen wirtschaftlichen, sozialen und klassenmäßigen Spannungen dieser Lage. Darüber hinaus blieb aber auch die Farbe der Haut, das Schwarz. Wenn ein Mexikaner in die Vereinigten Staaten einwandert, so will er sich unbedingt assimilieren, und oft gelingt ihm das auch. Der Neger, der hier geboren ist – und siebzehn Millionen Menschen sind hier geboren, von den englischen oder westindischen Inseln kommen nur von Zeit zu Zeit vereinzelte Neger als Einwanderer –, er will sich nicht assimilieren, denn er ist Amerikaner, er ist hier zu Hause. Und da er schwarz ist und nicht anders sein kann, will er als Schwarzer auch ohne Assimilation vollberechtigter Amerikaner werden.

»Sehen« ist immer dasselbe wie »Glauben«. Seit vielen Jahren fahre ich unter Negern täglich mit der New Yorker Untergrundbahn. Ich sehe, wie sie mechanisch bei der 125. Straße aufwachen – die meisten schlafen in der Untergrundbahn –, wie sie dann aussteigen und nach Hause nach Harlem gehen. Von der 100. bis zur 150. Straße erstreckt sich Harlem. Es ist eine gewaltige Siedlung mit einer halben Million Neger, die größte schwarze Siedlung in den Vereinigten Staaten. Ihr folgen Chicago und Washington und neuerdings die Großstädte des Mittleren Westens. Der Neger begann zu wandern, er verläßt die Pflanzungen des Südens, die Gruben, die Baumwolläcker, die Tabakfelder und zieht nach Norden und Osten. Wo er sich niederläßt, bildet er ein Harlem. Zumeist besetzt eine solche wandernde Negergemeinschaft Häuserblocks in den Mittelpunkten der Großstädte und wandert dann langsam weiter in immer neue Viertel. Sie bedeckt die benachbarten Stadtteile, wie in der Wüste der Sand die Äcker bedeckt. Die Weißen verziehen sich dann anderswohin, in der Regel in die Vorstädte.

Die Schwarzen bekommen Schulen, Krankenhäuser und allen sonstigen vorstellbaren Stadtkomfort. In Wirklichkeit werden die Häuserblocks, die von den wandernden, einziehenden Negergemeinschaften in den Städten des Nordens und Ostens eingenommen werden, bald zu Slums. Doch das nicht überall – in Harlem gibt es lange Straßenreihen, wo die Neger in modernen Mietshäusern und sauberen, technisch gut eingerichteten Wohnungen ein mittelländisches Leben führen. Dort steht oft der Cadillac vor der Tür. Aber in der Nachbarschaft wohnen in Mietshäusern mit der gleichen Fassade acht, zehn Menschen in einem einzigen Zimmer, mit allen schmutzigen Unarten und moralischen Gefahren des Zusammenwohnens ... In den großstädtischen Häusern, die von der Gemeinde erbaut wurden, gibt es keine Rassentrennung. Der Neger und der Puertoricaner bekommen ebenso eine billige moderne Wohnung wie der Pensionär oder der unterstützungsbedürftige Weiße ... Aber die Kinder benutzen den Lift als Klosett, der Gestank ist mitunter unerträglich, die weißen älteren Leute und die gepflegteren Neger sind gezwungen, zu den oberen Stockwerken zu Fuß hinaufzusteigen.

In den Schulen gibt es die gleichen Erscheinungen. Nicht selten sind Kinder von zwölf Jahren bereits Mütter in den Schulen der Neger und Puertoricaner. In Washington, wo die Bevölkerung zur Hälfte aus Negern besteht, hat die Bundesregierung strahlend schöne Schulen aus Glas und Metall bauen lassen, in denen mitunter wilde Zustände herrschen, wenn das Bildungsniveau der Neger in den Nachbarvierteln nicht zeitgemäß ist.

Wer die Frage der Neger in den Großstädten aus der Nähe beobachtet, der glaubt nicht, daß der soziale Ausgleich allein eine Lösung bietet, sondern daß es eine überaus verwickelte Erziehungsfrage ist: Über die Kenntnis des ABC hinaus muß der Farbige, der sein koloniales Schicksal auf den Pflanzungen und die Sklaverei hinter sich ließ, zu der Verantwortung als Mensch erzogen werden. Das klingt schön, ist aber in Wirklichkeit das Schwerste von allem.

Sie machten sich auf einen Weg, der sie aus den Pflanzungen hinausführte. Auch sie haben ihre Ansprüche, sie sitzen im großen Auto, in ihren Wohnungen ertönt das Radio und zeigt der Fernseher die Späße des Negerschauspielers ... Sie haben ihre Künstler, Schriftsteller, Gelehrten. In Massen ziehen sie aus dem Süden, den Gegenden der Segregation, nach Norden und Osten, wo es diese nicht gibt – aber ihre Absonderung bleibt in Wirklichkeit die gleiche. Von den zehntausend Gaststätten New Yorks gibt es nur einige hundert, vielleicht auch eintausend, wo Neger bedient werden. Ein Universitätsprofessor, ein Neger, der kürzlich nach einer längeren Vortragsreise in sein Vaterland, die Vereinigten Staaten, zurückkehrte, schrieb erbittert und empört einer großen New Yorker Zeitung einen offenen Brief, weil der Zollbeamte im New Yorker Hafen bei seiner Ankunft, als er den Paß nachsah, ihn freundschaftlich mit »Hallo, Jimmy« anredete. Der Vorname ist hier eine Vertraulichkeit wie das Duzen. Der Neger fühlte sich von dem Zollbeamten beleidigt, weil er bei seiner Heimkehr nicht als Mister Brown, sondern herablassend freundschaftlich mit Jimmy angeredet wurde ...

Hier im Süden, wo diese Segregation alltäglich nach einem starren Schema festgelegt ist, eine Wirklichkeit, die sehr langsam einer Lösung zustrebt; innerhalb dieser starren Situation ist vielleicht die nervöse Empfindlichkeit, die schmerzende Unruhe geringer als im Osten und Norden, wo auf dem Papier alles in Ordnung ist, in Wahrheit aber dauernd Reibungsflächen zwischen Negern und Weißen bestehen. Gleichzeitig sehen die Stammesneger in den Großstädten auf das »spanish speaking people«, die Einwanderer aus Puerto Rico, herab, weil sie sich in ihrer gesellschaftlichen Stellung überlegen fühlen.

All das brennt und schmerzt – gleichzeitig aber spürt man, wie die Wunden langsam vernarben und neue Haut auf ihnen wächst ... Vielleicht auch hier im Süden. Schließlich kann der Neger jeden Tag von hier fortgehen, er ist nicht mehr, wie früher der Sklave, an den Ort gebunden. Er geht auch fort, sogar in großen Massen ... aber gleichzeitig bleiben große Massen auch hier im Süden, in ihrer Absonderung, denn hier ist ihre Heimat, und sie wissen, daß sie allein durch die Tatsache ihrer Existenz – in Little Rock ebenso wie anderwärts –, auch durch ihre Masse, einen Prozeß gewinnen werden, dessen Urteil man vertagen kann, dem aber nicht mehr auszuweichen ist.

Ich spreche mit den Einheimischen und erhalte interessante Daten über den Aufstieg der südlichen Neger in den Bürgerstand. Die Neger wandern heute nicht nur nach New York, Washington und Chicago, sondern auch in die großen Städte des Südens wie Atlanta und Birmingham. Die Wanderung der Neger im Binnenland geht heute nach zwei Richtungen: nach Norden – oder sie verlassen die Agrargebiete des Südens und ziehen aus den Plantagen in die südlichen Städte, wo sie zwar abgesondert leben, aber ihr Schicksal und ihre Aussichten anders beurteilen als in den Pflanzergebieten.

Im Jahre 1954 wanderten in Alabama dreißigtausend schwarze Arbeiter aus der Landwirtschaft in die Städte des Südens. Ihnen sichert die Arbeit hier ein höheres Einkommen als auf dem Dorf. Zwar verdient der Neger in den Städten des Südens noch immer nur die Hälfte dessen, was der weiße Arbeiter im Durchschnitt erhält, aber auch das ist mehr, als er auf den Pflanzungen verdient hat. Unter fünf Negerfamilien verdienen zwei noch immer weniger als zweitausend Dollar im Jahr – also nur ein Drittel des durchschnittlichen Jahreseinkommens einer weißen Arbeiterfamilie.

Gleichwohl ist in den letzten Jahren, besonders seit dem Zweiten Weltkrieg, viel geschehen: Die soziale Stellung der Neger im Süden hat sich trotz aller Segregation wesentlich geändert. Die Neger erhielten Stellungen in kommunalen und staatlichen Ämtern. Der Neger im Süden nähert sich dem Niveau der Lebensform des Durchschnittsamerikaners. Das sentimentale Lebensgefühl aus *Onkel Toms Hütte* ist in den Vorstellungen der Neger im Süden völlig verschwunden. Ja, die Neger schimpfen sogar auf dieses Buch ... Aber die neue, wahrhaft bedeutende Veränderung im Leben der Farbigen des Südens ist die, daß dort in den Städten ebenso wie im Norden und Osten ein Mittelstand der Neger entstanden ist, der mit Leidenschaft lernt, sich ausbildet und versucht, in einem bürgerlichen Milieu zu leben. Der Neger ist aus Onkel Toms Hütte herausgetreten, er hat sich in die luftgekühlte Dreizimmerwohnung gesetzt – vor deren Tür der Chevrolet und nicht selten der Cadillac wartet –, er hat ein Schild ausgehängt, das ihn als

Rechtsanwalt, Arzt oder Ingenieur kenntlich macht. Wer die Negerfrage im Süden aus der Nähe beobachtet, der glaubt, daß die Gegenwart eines starken Mittelstandes von Negern einmal über die rassischen Gegensätze entscheiden wird. Rassenvorurteile hören auf, wenn die zur Minderwertigkeit verurteilte Rasse auf wissenschaftlichem und sozialem Gebiet zu beweisen vermag, daß ihre Leistungen denen der Weißen gleichwertig sind. Irgendwo ist hier der Weg, der den Neger aus den Plantagen, aus den verkümmerten Überresten der Sklaverei und aus den Gettos der Städte herausführt ... Der Weg ist lang. Aber jetzt gibt es keinen Stillstand mehr. Die Tatsache der Existenz der Neger und ihrer Masse ist so stark, daß sie von selbst die Lösung der Farbigenfrage vorantreibt. Gibt man zu dieser Kraft ihnen noch Bildung, dann werden sie nach einer Generation in einer völlig neuen sozialen Lage leben ... diese Neger und ihre Söhne, die jetzt hier, in New Orleans, im Schatten des Standbilds Bolívars hocken.

Ihre Empfindlichkeit und ihr Argwohn sind psychopathisch, nicht nur hier, überall in der farbigen Welt. Aber gerade weil der amerikanische Neger gebildeter ist als der Durchschnitt der Farbigen anderwärts in der Welt und obendrein besser informiert, achtet er auf Nachrichten über Grausamkeiten der Polizei in Algerien oder Gewalttaten von Behörden in Südafrika mit der gleichen Aufmerksamkeit, mit der er die Ereignisse in Little Rock verfolgt. Jede Kränkung, die einen Farbigen trifft, interessiert ihn unmittelbar. Es interessiert nicht nur die Neger. Lin Yu-tang, der Chinese, lebt hier in Amerika. Seine Bücher hat er hier geschrieben, man liest und schätzt ihn. Diese Bücher sind voll verzweifeltem Mitgefühl für die Farbigen. An einer Stelle schreibt er, der Stärkere habe nicht mehr das Recht, »dem Schwächeren die Freiheit aufzuzwingen« ... Perikles hat ähnlich den Athenern das moralische Scheitern der Demokratien vorausgesagt, wenn sie nicht alles täten, um wiedergutzumachen, was sie gegen die Farbigen gesündigt hätten.

In der Morgenzeitung lese ich eine Todesnachricht: In der Stadt York in Pennsylvania ist eine Negerin im Alter von 115 Jahren gestorben, eine »former slave« – als Kind wurde sie in South Carolina als Sklavin verkauft. Noch als Greisin erinnerte sie sich der Ereignisse im Bürgerkrieg ...

Die Abkömmlinge dieser Frau sehe ich jeden Tag hier im Süden auf den Terrassen der vorstädtischen Fertighäuser, in den abgesonderten Gasthäusern, in den Wartesälen mit der Aufschrift »colored« und am Fuß des Standbilds Bolívars. Was Abraham Lincoln als »unerträglich« ansah, als diese Sklavin geboren wurde – und noch viele andere sahen und sehen es so –, das ist heute, wo es in den Vereinigten Staaten keine Sklaverei mehr gibt, genauso »unerträglich« wie vor 115 Jahren.

Für die Negerfrage gibt es – wie für alle anderen Fragen der Rasse, der Moral und der Religion, die die Menschen voneinander trennen und einander gegenüberstellen – keine »Lösung«. Wer hartnäckig an das rationale Wesen des Menschen glaubt, lebt einer fixen Idee nach. Die Hindus töten keine Kuh und keinen Affen, aber zu Millionen vernichteten sich Hindus und Moslems vor wenigen Jahren gegenseitig. Eine Sklavenfrage gibt es in den Vereinigten Staaten nicht mehr, aber es gibt Weiße und Schwarze – voll Schuldbewußtsein und Vorwurf –, Menschen, die einander noch auf lange Zeit nicht vertrauen. Eine solche »Frage« wird nicht durch Institutionen gelöst, sondern durch die Zeit. Manchmal löst sie der Sexus, die Bildung und immer wieder die Zeit ... Wenn man Zeit hat.

Die Straßen des abendlichen Rummels umgehe ich; in den stillen Gassen des französischen Viertels empfängt mich etwas, das mich an Europa erinnert, eine Behaglichkeit im Geschäftigen. In den Läden wird nicht nur verkauft, man plaudert auch ... Vielleicht war es das, was ich als europäisch empfinde: Dort durfte man plaudern ... Manchmal war es Diskussion, manchmal nur Spiel. Die Angelsachsen plaudern nicht, sie teilen nur etwas mit oder verhandeln. Zum Leben gehören nicht nur Abenteuer, Spannungen, Erregungen, sondern auch etwas wie versöhnlicher Gleichmut. Im Süden hier ist den Leuten diese lockere menschliche Haltung anzusehen ... wie überall, wo das Klima den Willen bremst und die Leidenschaften steigert: Die Menschen wollen nicht so sehr handeln, sondern lieber Mensch sein.

Florida

Eine Flugreise von über tausend Kilometern führt von New Orleans an die Küste von Florida nach Tampa. Auf dem Flugplatz gibt es ein langes Warten: Zwei Stunden lang darf die Maschine nicht starten, das Wetter ist schlecht, ein warmer Sturm jagt über die Bucht. Die Beamten des Flughafens sind großenteils Kreolen, ihr Ton frech, gereizt, überlegen. Dieser Ton, der zwar manchmal menschlicher wirkt als die Scheinhöflichkeit der Angelsachsen, ist trotz dieser spontanen Menschlichkeit unsympathisch. In Algerien und auch vielfach anderwärts in der Welt hat diese Überheblichkeit bei den Eingeborenen unversöhnliche Empörung ausgelöst. Nicht die gierige Ausbeutung, die in der Welt der Scheichs, Mandarine und Stammeshäuptlinge die Eingeborenen ebensowenig verschonte wie die Ausbeutungsmethoden der Kolonisatoren, immer ist es der Ton, den der Schwächere, der Entrechtete schwerer erträgt als die wirtschaftliche Abhängigkeit.

Gegen Mittag beruhigt sich der Sturm. Den Aufstieg selbst kann man nie sehen, aber man spürt den Moment, wenn sich die Maschine mit ihren Passagieren von der Erde trennt – an diesen Augenblick hat man sich noch nicht gewöhnt.

Ruhig schweben wir über dem Golf von Mexiko. Die Stewardessen unterrichten die Passagiere im Gebrauch der Schwimmwesten, aber niemand achtet darauf. Kurz nach dem Start ist das Bild der Stadt und des Mississippi für einen Augenblick zu sehen. Der Fliegenpunkt in der Tiefe ist der mächtige Flugzeugträger, den ich neulich im Hafen aus der Nähe sah.

Mein Nachbar ist ein dicker, bärtiger Franzose mit Baskenmütze, der hoch oben über den Wolken tausend Kilometer lang andachtsvoll speist. Das Menü ist ausgesucht wie immer in diesen mit fünf Sternen gezierten Maschinen: Bei der Abfahrt wird die Küche mit Thermosbüchsen aus Aluminium vollgeladen; die Stewardessen kochen nur den Kaffee, das Essen entnehmen sie fertig und warm den Thermosbüchsen. Mein Reisegefährte prüft sorgsam die Qualität des Lendenbratens, er verlangt eine besondere Würze, die Semmel schickt er zurück, weil sie ihm nicht warm genug ist, dann prüft er mit der brillengeschmückten Nase und den Augen die Gänge, um mit unsagbarer Sorgfalt den Brandy, den Sekt und den Wein zu kosten ... ein Fachmann und Feinschmecker zwischen den Wolken. Darauf lehnt er sich, die Serviette am Hals, die Baskenmütze auf dem Kopf, einige Brösel im Bart, in seinen bequemen Sessel zurück, faltet auf dem Bauch die Hände und schläft ein. Im Schlaf lächelt er kindlich und fromm. Er träumt etwas Schönes.

Wolken bedecken die Landschaft. Mit geschlossenen Augen zu fliegen ist eine Abart des Schlafs. Ein leichtes Schwanken wie im Halbschlaf des Erwachens am Morgen. In meinem Halbschlummer lösen sich Erinnerungsbilder immer wieder ab, die Wüste von Arizona, die Avocadowälder, die Ölquellen von Texas. Es ist gut, die Welt zu sehen ... sehen, sehen, spüren, betasten, riechen, solange es geht.

Über Florida geht das Licht an. Der Flugplatz von Tampa ist neu wie alles in dieser Gegend. Die Limousine führt uns dreißig Kilometer weit über die Straße nach dem nahen Badeort St. Petersburg. Die Landschaft ist tropisch – aber sie ist sichtlich gebändigte, gezähmte Tropik. Das Wetter ist stickend feucht in Erwartung des Regens. Eine glashausartige Hitze herrscht – auch die Gerüche sind danach. Überall am Straßenrand sieht man die seltenen Bäume und Blumenausstellungen Floridas. Den Banyanbaum, diese Laokoongruppe aus Pflanzen, habe ich unterwegs schon einmal in Südkalifornien gesehen, tropische Pflanzenstämme, die sich ineinander verschlingen und miteinander zu kämpfen, zu ringen scheinen. Dann hohe Doldentannen, reichbelaubte Palmen, Mangos, Avocados, Bananen und Grapefruit. Hier gibt es auch bereits Gummibäume, Kokospalmen und Hibiskus. Am Straßenrand halten kriegerisch Kakteen mit lanzenartigen Spitzen Wache. Und überall Orangen und Zitronen. Die Magnolien blühen mit ihren fettfleischigen Blättern und den schaumcremeartigen Blüten.

Auf dem dunkelblauen Untergrund des Himmelsgewölbes schwimmen Wolken in schäumendem Weiß, als hätte man die Daunen des Himmels frisch aus der Reinigung gebracht. Der Nebel teilt sich, das gelbe Licht lackiert plötzlich die Landschaft. Wie in Griechenland gibt auch hier das Licht, der gelbe Lack, der Landschaft einen Sinn.

Vielartige immergrüne Pflanzen und rote Begonien und Trompetenblumen. Und überall am Straßenrand und in den Gärten fleischige und duftende Rosen. Der Duft der blühenden Orangenbäume ist dröhnend und sinnlich.

St. Petersburg

Das Hotel wirkt italienisch. In der Halle sitzen alte Männer. Auch auf den Straßen schlendern Greise. Dieser städtische Badeort ist der Winterkurort der amerikanischen Greise. Aus den verschiedenen Gegenden des großen Landes kommen die Greise hierher Sonnenschein schlürfen, um in den erkalteten Körpern Wärme zu speichern.

In der Hauptstraße stehen auf fünf Schritt breite, bequeme grüne Bänke. Auf ihnen sitzen die Greise, die nicht mehr gehen können und nach wenigen Schritten erschlaffen. An den Straßenkreuzungen wechseln die elektrischen Signallampen nur langsam ihr rotes und grünes Licht, damit die schlurfenden Gäste Kraft und Zeit genug haben, den Straßendamm zu überschreiten. Alles erscheint verlangsamt wie in einem grotesken französischen Film.

An der Hauptstraße ist ein offener Laden – eines der blühenden Unternehmen des Ortes –, wo man den Spaziergängern für wenige Pennies den Blutdruck mißt. Es ist keine ärztliche Ordination, es wird von einer Frau geführt und gehört zu den Attraktionen für den Fremdenverkehr: Wie es ihnen gerade einfällt, kehren die Badegäste während ihres Spaziergangs hier ein und lassen sich den Blutdruck messen. Das ist eine der lokalen Zerstreuungen. Vor dem Eingang des Lokals rühmen sich die Greise wichtig, daß sie heute nur

280 Blutdruck haben, obwohl er vorgestern noch auf 300 war.

Geöffnet ist der Laden bis abends zehn Uhr. Er ist stark besucht.

Das ist der tropische Vergnügungsort der Pensionäre. Man kann hier billig leben, in möblierten Zimmern wohnen, in billigen Lokalen speisen. Die Alten drängen sich hier überall, sie sind laut und fordern Rechte und Bevorzugungen. In dem »jungen Amerika« ist das eine der Stätten, wo man die Vorrechte der Alten anerkennt. Aber auch sonst werden Stimmen und Meinungen laut, die die Alten in Amerika in Schutz nehmen. Die kannibalische Mißgunst, mit der hier Geschäfte und Unternehmungen früher jeden Mann von sechzig Jahren als Trottel kennzeichneten, mit der man jeden über fünfzig in Pension schickte und »nur Junge« beschäftigte, hat aufgehört, seit der Bedarf an geschulten Arbeitskräften größer ist als je. Das hat den Wert der Arbeit erfahrener älterer Leute auf dem Arbeitsmarkt gesteigert: Überall beginnt man zu entdecken, daß die Älteren verläßlicher sind und mehr wissen als die Jungen.

Am Ende der langen Mole hat man hoch über dem Ozean eine Art Kasino gebaut. Hier leben die Alten in Paradetracht ihr Badeleben. Es gibt sichtlich auch flirtende Greise, Damen mit weißem Haar, die sich wie Backfische kleiden, alte Gecken, mit ländlicher Eleganz aufgetakelte Dandygreise, den Girardihut auf dem Kopf und eine rote Rose im Knopfloch. Alle tragen Brillen, dazu in den Ohren verschiedene Knöpfe. Die Tauben und Schwerhörigen sind guter Laune: Jeden Abend werden auf der Bühne des Kasinos Vorführungen veranstaltet, es wird gesungen und deklamiert. Dankbar hört das Publikum in dem großen Saal zu. Viele spielen Karten, und alle klatschen.

An alledem ist etwas gute Laune – aber von der Art, wie jemand in bitterer Stimmung Grimassen schneidet. Dieses Reservat des Greisentums macht trotz allem keinen harmonischen Eindruck. Sonnenlicht und der Goldschein der glühenden Luft verhüllen mit ihrem Schleier dieses bitter-lustige Greisenidyll. Am Ufer spielen Greise mit einer Schiebeschaufel eine Art vorsichtigen Golfspiels, nach Möglichkeit ohne sich zu bücken und zu bewegen, denn sie fürchten, sonst ihre verkalkten Knochen zu entkräften. Es gibt auch ein Sonnenbad, wo die greisen Nudisten im Februar splitternackt ihre Glieder sonnen. Der Fremdenführer, der die Sehenswürdigkeiten von dem Deck eines kleinen Ausflugsschiffes aus erklärt, sagt, daß die Flugzeuge hier in der Bucht niedrig fliegen, damit man die im Solarium sonnenbadenden Nudistengreise sehen kann, da »es anderwärts so etwas nicht zu sehen gibt«.

Die Passagiere – alles Greise – lachen. Gewiß ist die große Aufgabe nicht, »um jeden Preis jung zu bleiben«, sondern »bei voller Kraft alt zu werden«. In Amerika sind mehr als zehn Millionen Menschen über fünfundsechzig, mehr als zwanzig Millionen über sechzig Jahre alt. Sie stellen ein exotisches Volk innerhalb des Volkes dar, diese Greise.

Tropenbäume mit fettem Laub stehen am Strand. Samstag abends schlemmen zweitausend Greise in dem Kasino am Molenende bei Coca-Cola. Die Sänger tragen sentimentale Lieder vor, die Stimmung ist heiß, als wolle man sich nicht ergeben. Der greise Benedetto Croce schrieb gegen Ende seines Lebens, daß das Alter seine

Hoffnungslosigkeit manchmal – selten – in eine Art unpersönlicher Hoffnung auflöst, die über die eigenen Reihen hinaus auf das Schicksal der Menschheit ausstrahlt. Den Alten in Florida ist an ihrer Haltung ein solcher Ehrgeiz nicht anzumerken. Sie sind trotzig, entschlossen, persönlich alt.

Fünf Stunden Schiffsfahrt durch die Bucht. Das Meer ist ölig ruhig. Eine Insel voller Pelikane. Tropischer Dunst. Die Traurigkeit des großen Lichtes. Das kleine Schiff nähert sich manchmal dem Ufer, auf dem sich Klub- und Jachthäuser aneinanderreihen. Eine mehrere Meilen lange Brücke verbindet über das Meer hin Tampa mit St. Petersburg. Gewiß erleichtert diese mit demonstrativem Luxus erbaute Brücke den Autoverkehr zwischen den beiden nicht übermäßig bedeutenden Orten. Aber schließlich ließe sich dieser auch billiger mit Fähren abwickeln. Die verschwenderischen Übertreibungen in der technischen inneren Ausstattung Amerikas kann man so manchmal in ihrem wahren Wesen sehen.

Auf dem kleinen Schiff liegen greise Ausflügler in den Liegestühlen, sie flirten mit der Sonne, der salzigen Luft und miteinander. Segler schwimmen in der Bucht, man schickt sich zur Regatta an. Im Lichte von Florida funkelt alles feucht: Die Februarhitze ist schleimig und dunstig.

Ein kleines Museum befindet sich am Ufer. Diese Museen amerikanischer Provinzstädte sind zumeist regelrechte Rumpelkammern. Wacklige Möbel, altmodische Gebrauchsgegenstände, Trödelkram aller Art wird in dem großen Raum aufgestapelt: Porzellan, Fächer, alte Zylinder, der erste Tonteller, dann – im Haus der Seminola-Indianer – viele Pfeile, Lanzen, präparierte Indianerköpfe … Manchmal ein wackliges Bild, ein wilder Öldruck. Als wollte jemand bescheiden mit erhobenem Zeigefinger sagen: »So begann es. So begannen wir. Einen Michelangelo gab es noch nicht, auch keinen Raffael. Bisher ging es anders. Wir bitten um Nachsicht.«

Nachts rufe ich New York an. Man sagt mir, daß eine Kältewelle, wie sie noch selten in der Geschichte der Stadt da war, New York erstarren ließ – alles ist zugefroren, auch die Flugzeuge können auf den vereisten Pisten nicht starten, eine Passagiermaschine ist bei Idlewild ins Meer gestürzt, siebzig Menschen kamen dabei um.

Miami

Vom frühen Morgen bis zum späten Nachmittag geht es mit dem Auto durch den südlichen Ausläufer Floridas von Südwesten nach Südosten, von St. Petersburg nach Miami. Das wahre Erlebnis der langen Wagenfahrt ist das Licht. Sein Schmelz steigert die Farbenpracht der tropischen Flora, poliert sie förmlich strahlend auf. Valéry schrieb einmal, daß die »geometrische Vision« in den mediterranen Landschaften wahrhaft spürbar sei, denn in dem dortigen Licht bleibt jedem Gegenstand sein stark schwarzer »geometrischer Schatten« ... Die Schatten hier sind pechschwarz. Die Pflanzenfarben leuchten wie die Farben mit Schellack polierter Gegenstände.

Wir fahren durch den Sumpf von Everglades. Hundertfünfzig Kilometer lang und fünfundsiebzig breit ist der gärende, von Kanälen durchzogene, mit Krokodilfarmen und Flamingos bevölkerte Sumpf. An den Ufern der Wildwasser stehen rostrote Blumen. Dicht bezogen und klebrig ist der Sumpf von Wassergras, Wasserlinse und Efeu. Haine, mit zypressenähnlichen Bäumen bepflanzt, finden sich hier – doch die Zypressen von Florida ähneln denen der Toskana wie ein eingewanderter yankeesierter Italiener seinen daheimgebliebenen Landsleuten.

Eine stickige, dumpfig warme Treibhausschwüle herrscht. Der gebändigte Tropenduft ist noch urtümlich, echt; Farben und Pflanzenstruktur wurden bereits von Menschenhand gezähmt. Dieser üppige, fette, reiche Boden Floridas macht manchmal übel und erweckt Ekel.

Im Hotel bleibt die Kühlmaschine Tag und Nacht angestellt. Auch nachts ist die Hitze so stark wie im Dampfbad. Jedes Gasthaus, jeder Geschäftsraum ist gekühlt. An der Meeresküste stehen Riesenpalmen. Das Panorama der Stadt und der Badeanlagen wirkt in dem funkelnden Licht wie mit Pastellfarben gemalt. In der Übertreibung und Parvenühaftigkeit der großen Hotels und der Reihen protziger Paläste liegt etwas von Kraft und Größe.

Morgens gehe ich in eine katholische Kirche. Hier, wo die Katholiken noch heute Mißtrauen umgibt, ist die Kirche in den frühen Morgenstunden überfüllt. Zahlreich sind die alten Leute, alle gehen zur Kommunion.

Ein langer Rundgang in der Stadt und ihrer Umgebung. Stolze Gärten. Die Bepflanzung dieser tropischen Gärten ist südlich verschwenderisch. Überall sieht man monumentale Gruppen von Banyanbäumen, dann viele Kokospalmen und Bananengehölz. Flammende, schreiende Farben – mit ihnen will die Flora das erstickende Licht überschreien. Geheimnisvolle Wohnhäuser, in denen Sonnenmotoren Warmwasser und Wärmeenergie liefern. An der Meeresküste liegen am Ende des Winters nackte Körper aller Art herum. In bunten Autos jagen nackte Mädchen und Jungen die Strandstraßen auf und ab. In einem Schwimmbad – es heißt Coral Gables – ist das Becken in die Korallenfelsen hineingeschnitten. In dem blaßgrünen, kalten, reinen Wasser tanzen die jungen Körper die nackten Zeremonien eines heidnischen Festes.

Die nahe Indianersiedlung erinnert an die Schaustellung einer Fremdenverkehrsattraktion in einem Tiergarten. Die Seminola-Indianer der Musa Isle leben auf einem umzäunten Gelände in schilfgedeckten Pfahlbauten, kleinen Hütten. Frauen, Männer, Kinder liegen unter dem Schilfdach – sie bräunen sich so betäubt gleichgültig in der Sonne wie die Krokodile, die man in der Niederlassung züchtet. In den schilfgedeckten Hütten finden sich die üblichen Kühlschränke, elektrische Nähmaschinen, Fernsehempfänger. Gähnend liegen die Krokodile am Ufer des umzäunten Beckens herum. Ein »Medicine Man« in rotem Gewand zeigt sein Heilgerät: den Zauberstab und den geistervertreibenden Fetisch – ernst und feierlich, wie ein befrackter Hausarzt im vergangenen Jahrhundert.

Alles das ist langweilig mechanisch und kommerzialisiert. Dieser Menschen-Tiergarten, in dem nicht nur der Weiße gescheitert ist, der ihn einrichtete, sondern auch der Indianer, der ihn zur Schaunummer gemacht hat.

Tage in Miami Beach. Eine unglaubliche Verschwendung der Natur und der Ansprüche protziger Menschen. Da sind Hotels, die kein Maß noch Verhältnis kennen: Appartements, die täglich vierzig Dollar kosten, den Gästen aber auch mit 200 Dollar den Tag berechnet werden ... Gaststätten, in denen Speise, Trank und Unterhaltung aller Art zu unwahrscheinlichen Preisen geboten werden. Das Publikum ist anders als das der sündhaft teuren, aber gezierten und abgesonderten Lusthäuser von Arizona. Dort wollen sich die Gäste verbergen – hier zeigen. Laut, sogar schreiend, mit bunten Federn und Papua-Kopfschmuck drängen sich die reich gewordenen Parvenüs von New York, Chicago, Los Angeles. Überall ist der Ton vorlaut, das Benehmen die protzige Gefallsucht des Neureichen.

Es ist eine Art Berg Ararat. Gleichwohl liegt in dem Ordinären und in der Zigeunerhaftigkeit auch etwas Imponierendes in dieser Art Leben ... Als wenn sich eine Gesellschaft an einem gefährlichen Wendepunkt der Geschichte entschlösse, sich um Vereinbarungen und Anstandsregeln nicht mehr zu kümmern, weil ja doch die Sündflut bevorstehe ... und sich mit beiden Händen und vollem Maul in die Freuden und Düfte der Tropen, in das Licht, in den sündteuren, aber in unendlichen Abwandlungen gebotenen Rausch luftgekühlten, großtuerischen Pomps zu stürzen. In den großen Hotels tragen Kellner aus Italien und von den Philippinen allabendlich ein wahres Gastmahl Trimalchios aus. Gäste sind hier Kaufleute, Unternehmer, schnell reich gewordene Kleinbürger. Aber das Ganze ist trotz des schlechten Geschmacks, der unanständigen Übertreibung, des näselnden und summenden Rausches einzigartig: ein Berg Ararat, auf dem die Menschen wissen, daß, während sie in der Wintersonne tanzen, baden und sich mit Musik, Leibern und Trunk erfreuen, die Großmächte in Ost und West an verborgenen Lagerplätzen Bomben verwahrt halten und daß die Zerstörungskraft einer solchen Bombe gleich derjenigen von zwanzig Millionen Tonnen Sprengstoff ist. Diese unsichtbare Bombe schwebt im leuchtenden Himmel über einer Welt ... und im Schatten dieser Bombe leben wir, ob in Miami, ob anderwärts. Kann es sein, daß dieser protzige und geschmacklose Schieberrausch gerade wegen des Wissens um diese Bombe so hemmungslos ist wie der Rausch der

Gäste beim Gastmahl des Trimalchio? Sind Geschmack, Bescheidenheit, Maß bereits präatomistische Begriffe?

Hinter den Lusthäusern an der Küste gibt es auch bescheidene Gasthäuser. Ich esse in einem Jamaikaer Restaurant zu Mittag, die Kellnerin belehrt mich mit der besorgten Aufmerksamkeit einer Negermutter darüber, was ich essen soll. In solchen Momenten verspürt der Reisende unmittelbar, worin sich eine Reise in Amerika von dem unterscheidet, was wir auf einer Fahrt durch Europa erleben ... Binnen vierundzwanzig Stunden ändern sich bei der Reise durch Amerika Klima, Speisen, Menschenrassen, Lebensstil. In Europa ändert sich von Land zu Land die Küche oder das Geldsystem, aber das Ganze ist irgendwie überall europäisch. In Amerika hat sich das Ganze noch nicht zur Harmonie zusammengefunden. Fremdheit und Überraschung drohen an jeder Kurve. Eine Kreuzfahrt durch Amerika ist auch im Zeitalter der Düsenflugzeuge immer noch eine Entdeckungsreise.

Der Reisende macht sich jeden Morgen mit großer Vorsicht auf den Weg, mit bedachter Strategie berechnet er die Möglichkeiten von Zeit und Raum, überlegt jeden Schritt und jede Bewegung. Mit dem Reiseführer in der Hand bricht er auf, das von einem fremden Stamm bewohnte Gebiet zu erkunden. Man muß auf die Windrichtung, die Fußspuren, die Verkehrszeichen, auf die Natur und Vorurteile der Eingeborenen, auf die Sitten der gezähmten und der wilden Stämme, auf die Speisen und das Geldwechseln achten. Eine Reise durch Amerika ist noch immer, selbst heute, mehr eine Erkundungsfahrt denn eine gewöhnliche Reise.

Auf meiner langen Fahrt sah ich nirgends einen Eisenbahnzug. Schienen bekam ich zu sehen, manchmal auch einen Bahnhof. Aber einen fahrenden Zug sah ich in dem ganzen gewaltigen Raum nicht. Fünfzehntausend Kilometer legte ich im Flugzeug, im Autobus, im Kraftwagen und zu Schiff zurück ... aber nicht ein einziges Mal fiel mir ein, eine Eisenbahnfahrkarte zu lösen. Die Eisenbahn hat in Amerika praktisch sozusagen aufgehört, ein Verkehrsmittel zu sein. Es gibt sie noch – aber fast unsichtbar im amerikanischen Raum. Zerstört haben sie Auto, Autobus und Flugzeug. Mein Urgroßvater hatte recht, als er beim Anblick einer der ersten Dampflokomotiven um 1830 zwischen Baden und Wien an seine Familie schrieb: »Es ist eine interessante Erfindung, aber ich sage ihr keine große Zukunft voraus.«

Der Ekel, den das Badeleben Floridas erweckt, hört auf, sobald der Reisende hinter dem Berg Ararat das zweite Leben dieser erdrückend schönen, reichen, merkwürdigen Landschaft entdeckt, das voll von dem Schwung eines unruhigen, unternehmenden Pioniertums ist. Von Norden, von New England her, wandern große Fabrikbetriebe in das Licht hinüber, weil der Strom hier billiger ist, vielleicht auch deshalb, weil in dieser Helligkeit auch menschliche Leidenschaften eher Raum finden. Überall sind Merkmale einer hysterischen Bodenspekulation – aber hinter dieser sieht man die großen Schöpfungen der regionalen amerikanischen industriellen Landnahme sich plötzlich erheben. Für die Privatinitiative sind die Möglichkeiten hier im Süden – wie es einst im Westen und Norden war – noch immer sehr groß. In diesem Land werden täglich 11000 Säuglinge geboren. Alljährlich lallen drei Millionen neue Staatsbürger, und diese drei Millionen brauchen nicht nur eine Wiege und Kindernahrung, sondern auch neue Wohnsiedlungen, Schulen, Krankenhäuser und Autos ... Der Amerikaner plant, baut und lebt in dem Optimismus dieser inneren Völkerwanderung.

In der ganzen Welt aber schreien alljährlich mehr als dreißig Millionen neue Säuglinge, und die meisten von ihnen haben nicht einmal eine Wiege, geschweige denn Wohnstätten, Schulen, Krankenhäuser und Autos ... In der schwülen Idylle der Landschaft von Florida kann man manchmal das Weinen jener fernen dreißig Millionen Säuglinge vernehmen.

Die Luftverkehrsgesellschaft telephoniert mir ins Hotel, daß das Düsenflugzeug, für das ich mir auf der Strecke nach New York eine Karte reservieren ließ, nicht startet, weil der New Yorker Flughafen wegen der schlechten Witterung keine Starterlaubnis erteilt hat. Der Zeitpunkt des Abflugs des Jets sei in diesem Augenblick ungewiß; aber wenn ich wollte, könnte ich mich für ein Propellerflugzeug umbuchen lassen.

Unwillig stimme ich schließlich zu. Später kam ich zu mir und schämte mich. Die Entfernung von Miami nach New York beträgt in der Luftlinie 2000 Kilometer. Die Düsenmaschine fliegt sie in 125 Minuten. Die »konservative« Maschine, die viermotorige alte Propellermaschine, überbrückt diese Entfernung um anderthalb Stunden langsamer, also in drei Stunden und dreißig Minuten ... Fahrplanmäßig fliegen die Düsenmaschinen erst seit einigen Wochen, aber die Reisenden, auch ich, protestieren bereits entrüstet, wenn sie auf eine solche holprige alte

Maschine angewiesen sind wie die viermotorige DC-7 mit ihren Propellern. Für 2000 Kilometer eine Fahrtzeit von drei Stunden und dreißig Minuten ... das ist doch eine Schande, murmelt man. »So etwas kann nur hier vorkommen«, näseln die Unzufriedenen giftig.

Zwischen Miami und New York

Einen Augenblick lang sieht man aus der Höhe die Buchten von Florida, die Zypressen, die Lusthäuser, die tropischen Gärten, die Meeresküste. Der Himmel ist dunkelblau wie der Ozean. Wollüstig schlaff liegt die weite Landschaft da. Langsam verhüllen Wolken das paradiesische Idyll.

Plötzlich erhebt sich die Maschine hoch über den Ozean. Der Nebel zersprüht, die Wolken teilen sich, North Carolina erscheint in der Tiefe, dann große Seen. Leise Musik ertönt. Drei Stunden und dreißig Minuten fliegen wir gleichmäßig ruhig. Der Boden ist bereits verschneit, in der Tiefe dunkeln eisgraue Flußläufe.

Ich ordne meine Notizen. Ich verstehe, wenn die Amerikaner resigniert mit dem Kopfe nicken, sobald wöchentlich ein neuer Kolumbus ein oder zwei Bücher über Entdeckungsreisen auf das Buch von Tocqueville häuft. Tocqueville hat vor anderthalb Jahrhunderten vieles genau gesehen. Zwei Mächte sind geblieben, Rußland und Amerika. Aber er sah die Epoche des Atoms nicht voraus. Er hat auch einen Marx nicht vorausgeahnt. Tocqueville sah sehr gut die Vermassung und erkannte auch, daß das Ideal der amerikanischen Demokratie der einzelne ist, der etwas unternimmt und riskiert, denn die Bereicherung des einzelnen ist auch für die Gemeinschaft von Nutzen. Der Amerikaner weiß das alles ... der hier im Flugzeug, derjenige in San Francisco oder New York. Er weiß, daß er in der Welt eine Aufgabe hat, und nickt müde, wenn man ihm vorwirft, er sei für seine Aufgabe nicht gerüstet.

Mein Nachbar, ein alter Amerikaner, vielleicht ein Vertreter für Nylonstrümpfe, bittet um ein Glas Sekt. Wir plaudern freundlich. Weiß dieser Amerikaner über den Wolken zwischen Miami und New York, daß er eine Aufgabe in der Welt hat? ...

Weiß er von dieser »Missionsaufgabe«, die den westlichen Menschen von der Küste des Atlantischen Ozeans an diejenige des Stillen Ozeans trug, um dort binnen weniger Jahrzehnte eine unglaubhaft hochrangige Zivilisation aufzubauen? Weiß er von der Aufgabe Amerikas, der vermassenden Welt der Farbigen eine neue Lebensform zu weisen? Kann er die Massen überzeugen, daß das Individuum, das sich gegen das System wendet – sobald das System antiindividualistisch ist –, unmittelbarer Abkömmling der Konquistadoren ist? Daß der einzelne der wahre »Export«, das westliche Phänomen ist? Glaubt er daran, daß das System der freien Wirtschaft die Massen der sowjetischen und der farbigen Welt erobern wird und dann – vielleicht – eine Liberalisierung in der kommunistischen Welt folgt? Glaubt er daran, daß es zu dieser neuen westlichen Renaissance nicht nur der Techniker, sondern auch der Dichter, Künstler und Heiligen bedarf, daß also für die amerikanische Renaissance Edison der Leonardo da Vinci war?

Die meisten Amerikaner bleiben schweigend-aufmerksam, wenn diese Fragen ertönen.

Aber die große Frage – welches System wirklich konkurrenzfähig eine Lebensform der vermaßten Welt bieten und wie man ohne Krieg das kommende Menschenalter überleben kann, wenn der Wettstreit zwischen Ost und West die Form echter Chancen annimmt – kann nicht mehr überhört werden. Auch die andere Frage nicht, wieweit das Individuum, das sich gegen das System wendet – also der Don Quichotte des Jahrhunderts –, an das amerikanische System glaubt, wenn es sich gegen das östliche System wendet? ...

Das Flugzeug senkt sich nach dem trägen Flug: Durch das kleine Fenster meines Vordersitzes sehe ich, wie die Räder langsam aus der Maschine hervortreten. Das Fahrgestell funktioniert, wir können landen ... Die Weltlage gleicht heute diesem Zustand: Aus diesem Raum des Kalten Krieges und der Wasserstoffbomben müssen wir wieder einmal auf den Boden zurückkehren. Und dazu braucht man auch etwas wie ein verläßliches Fahrgestell. – Wir fliegen niedrig, die Lichter New Yorks dämmern bereits. Ich erkenne die Küste, an der ich während vieler Jahre jeden Sommer im Sande lag. Und diese pastellfarbene Lichtermasse ist New York. Der Pilot meldet über den Lautsprecher: »*The Wind is from the West.*«

Ich hoffe es.

New York

Ein gutes Erinnern hinterlassen die Begegnungen unterwegs mit dem kleinen Mann Amerikas, jenen geduldigen, gar nicht protzigen, abwartenden, stillen, höflichen und für jedes gute Wort dankbaren kleinen Leuten. Es gibt ein menschliches Amerika, das bescheiden und human ist.

Dann aber gibt es ein anderes Amerika, das mit Reklame überfüllt ist. Und diese aufdringliche Geschäftigkeit löst in den Zeitgenossen Reflexe der Abwehr aus. Vor lauter Reklame, die New York dem Passanten förmlich aufzwingt, kann man die Stadt kaum noch sehen. In Diktaturen ist es die grausame und gemeine Methode der Gehirnwäsche, die den Anspruch auf individuelle Eigenart, den Geschmack und die Meinungsbildung zum Erlöschen bringt – aber diese Gehirnfüllung, mit der die Großorganisationen den persönlichen Geschmack und die eigene Meinungsbildung lähmen, ist nicht weniger gefährlich.

Abends um elf Uhr ist im Metropolitan Museum die Eröffnung einer Gauguin-Ausstellung. Um Gauguin kümmert sich dabei kein Mensch, vor Eingeladenen sind die Bilder überhaupt nicht zu erblicken. Die Leute sehen einander an. Da sind viele alte Damen, viel sentimentale Prominenz, der man den hohen Blutdruck anmerkt. Dann gibt es auch andere, sie sind die exzentrische »Überboheme« der Großstadt. Ein Proust hätte wohl diesen Abend beschrieben, wenn er einmal nach Amerika verschlagen worden wäre: In den Sälen wimmelt es von Figuren, die dem Salon der Herzogin von Guermantes entstammen könnten, aber der Baron de Charlus ist hier Effektenmakler, Swann ein Filmmagnat. Die Gesichtszüge sind gespannt und starr. Die Frauen tragen Kostüme wie für einen Maskenball; dazwischen sind die Dandys, die sich heute in New York nach Art der Jahrhundertwende kleiden, sie lassen Samtkragen auf ihre Sakkos nähen und tragen keilartig enge Hosen ohne Aufschlag. Wieder ist der Steifhut, die »Melone«, in Mode. All das ist Kostüm, das Kostüm von 1900. Die weiblichen Bohemiens tragen heute knielange schwarze Wollstrümpfe und spitze Filzpantoffeln von mittelalterlichem Schnitt oder Schuhe von schwarzem Samt, rote Sackkleider und wehende Ponyschwänze als Frisur.

Nachmittags in einem Café von Greenwich Village, wo man den schmutzigen Hof zum »Patio«, einer Freiluftdiele, umgestaltet hat. Da ist ein Negerpaar: die Frau jung, stumpfnasig, außerordentlich hübsch, das Gesicht pikant, etwa so wie die Marquisen auf den Bildern eines Boucher; buchstäblich bis auf den Boden schwarz gekleidet. Der Mann groß, mager, storchbeinig; Hände und Kopfform wirken sonderbar aristokratisch. Aristokratie ist weder eine rassische noch eine klassenmäßige Erscheinung. Man ist eben aristokratisch oder ist es nicht.

In New York beobachtet man zweierlei Lebensgefühl: die Haltung des Piraten, der mitten im Betonozean ständig auf Beute lauert. Und dann die Haltung des Gefangenen, der auf das Schiff lauert, das ihm das Lösegeld für seine Befreiung bringen soll.

Was ist es, das die Kinder der nach Amerika verschlagenen Einwanderer so stark fesselt? Verschmelzen doch die Kinder sofort mit dem Volke ... Vielleicht ist es dieses: In Amerika gibt es keine Autorität. (Nur Erfolg – aber das ist nicht dasselbe.) Die Familie bedeutet hier nicht Autorität, auch die Schule nicht. Alles Übergeordnete ist den Kindern verdächtig, weil sie vermuten, der Vorgesetzte sei »machtgierig«. Befreit stürzen sich die Kinder, die aus dem Trümmerhaufen der europäischen Hierarchie hierher verschlagen wurden, in diese Welt, wo es für die Zügellosen zwar auch Stock und Strafe, aber keine Autorität gibt.

In einer wissenschaftlichen Zeitschrift fand ich die für mich erregende Meldung, daß ein Astronom – Allan R. Sandage – in dem Observatorium von Mount Palomar, das ich vor einigen Wochen besichtigt hatte, in der Galaxie »mi« einen Sternenschwarm entdeckt hat, der bereits vor 24 Milliarden Jahren geleuchtet hat. Wenn das wahr ist, dann kann die Welt nicht durch eine große Explosion entstanden sein: Die Theorien, die die Explosion eines Urkerns beweisen wollen, werden dann haltlos. Diese Entdeckung bringt das neuzeitliche kosmologische Weltbild in Übereinstimmung mit dem religiösen kosmologischen Weltbild – für dieses gab es nie einen Anfang, gibt es kein Ende. Alles »ist« in Gott. Aber auch das ist nur eine Annahme.

Nahe meiner Wohnung steht vor dem vielstöckigen Proletarierhaus einer Seitengasse eine zerlumpte Negerin auf dem Gehsteig und singt irgendein Chanson in der stumpf monotonen Art der Straßensänger. In Neapel fallen dann bereits Münzen, in Papier gewickelt, aus den Fenstern. Hier öffnet sich nicht eins. Dennoch aber sang die Frau wohl mehr für sich auf der leeren, öden Gasse zwischen den Mülleimern, heruntergekommen, in schmutzigen Strümpfen, in lumpig-schmierige schwarze Fetzen gekleidet, im herbstlichen Dunkel – unter freiem Himmel sang sie so irgendein Wiegenlied aus dem Süden.

Im Lesesaal der Zentralbibliothek sitzen mehrere hundert Leute, darunter viele, die das Lesen nur vortäuschen. Dann sind da die Taschendiebe der Bücher, die gleich aus vier oder fünf Fachbüchern Daten und Ideen mit flinken Fingern zusammenstehlen. Da sind die Hoffnungslosen, die im Lichtkreis der Tischlampe bleich, mit qualvoll gespannten Zügen die Antwort auf irgendeine Frage in einem Buch suchen. Selten ein entspanntes Gesicht mit harmonischem Ausdruck. An der anderen Seite meines Tisches sitzt ein kahler Greis, der aus den vergilbten Blättern einer zerfledderten Zeitschrift alte englische literarische Kuriosa herausschreibt, etwa: »Wer erwähnte im französischen Schrifttum erstmals den Begriff Elfenbeinturm« und ähnliches. Er schreibt schnell, mit altmodischen, spitzen Buchstaben – er wühlt in der alten Zeitschrift herum wie die alten Vagabunden in den Müllkästen am Straßenrand.

Am späten Nachmittag bildet sich im eisigen Regengestöber vor dem Modernen Museum eine lange Schlange: Es sind die immer geduldig wartenden Menschen aus der Masse der New Yorker, die im eisigen Wind friedlich ausharren, bis sie an die Reihe kommen, ins Museum eingelassen zu werden, wo die bunten Kirchenfenster Chagalls gezeigt werden. Es ist nicht wahr, daß es – in der Nachbarschaft des Broadway – keine geistigen Ansprüche gibt. Es ist nicht wahr, daß »die Masse keine Bildung braucht«. Mit andächtiger Spannung antworten die Menschen dem Künstler und dem geistig Schaffenden, der sie anspruchsvoll anredet. Eher sind die Medien, die nur die Massen gierig bedienen, ungebildete und ordinäre Geldjäger.

In der Untergrundbahn sitzt ein blinder Neger, in der Hand den Stock und ein dickes schwarzgebundenes Buch in Blindenschrift. Er mag Musiker sein. Er trägt schwarze Hosen, einen komischen Smoking, Plastron und ein schwarzes Halstuch. Mit dem rechten Zeigefinger liest er schnell, wohl nur eine halbe Minute braucht er für eine Seite. Manchmal, wenn er an eine schöne Stelle kommt, lächelt er. Dieses Lächeln wirkt beängstigend: Ein Mensch hat sich von der Welt unabhängig gemacht – wie heute der Künstler.

In der Bibliothek bekomme ich die Aufzeichnungen von Las Casas in englischer Übersetzung. Bei der Lektüre des Logbuchs des Kolumbus tauchen vor mir die amerikanischen Landschaften, Küsten, Schneeberge, Wüsten und strahlenden Städte auf, die ich kürzlich auf meiner Reise gesehen hatte. »At two o'clock in the morning LAND was sighted at the distance of two leages ...« Dieses Land, das der Matrose im dämmernden Morgen sah, ist heute eine äußerst vielschichtige Wirklichkeit.

Es ist nicht mehr nur Land, auch nicht nur Erdteil, sondern Teil eines Weltbildes, von dem die Erde nur einen Bestandteil bildet. In der gutgeheizten und beleuchteten Bibliothek New Yorks muß ich an den Leser denken, der – in vielleicht nicht allzu ferner Zeit – hier das Logbuch des ersten Mondastronauten lesen wird.

Vormittags mußte ich in die Innenstadt gehen. Bei der 181. Straße fällt die Rolltreppe der Untergrundbahn steil zehn Stockwerke tief hinab. Auf dieser Rolltreppe versinke ich in die Eingeweide von New York, und dann trägt mich in der Fifth Avenue wieder eine Rolltreppe zehn Stockwerke hoch an die Oberfläche der Stadt. Auf beiden Rolltreppen habe ich beim Fallen und Steigen das Gefühl, daß mit mir etwas im Verdauungsorganismus eines riesigen Tieres geschieht, mit mir, dem »Material« – durch den Schlund falle ich in die Eingeweide, dann trägt mich der Mechanismus des Wiederkäuens durch den gleichen Schlund, bereits schleimig wie ein Kloß, wieder hinauf – doch inzwischen, während ich in den Pansen des großen Tieres sinke und wieder aufsteige, »lebe« ich nicht, sondern etwas verdaut mich.

PIPER

Sándor Márai
Zwischen Himmel und Erde

Aus dem Ungarischen übersetzt, mit Anmerkungen und einem
Nachwort versehen von Ernö Zeltner. 343 Seiten. Geb.

»Was aber ist das Geheimnis der großen, lebendigen Prosa?
Bisweilen glaube ich fast, nur die Wahrheit.« Sándor Márais
geschliffen formulierte Selbstgespräche über Kunst und Literatur, seine Reflexionen über die Natur und deren Vergänglich-
keit, über Moral und Gefühl sind von eindrucksvoller Prägnanz
und Einsicht. Doch so impressionistisch leicht diese Texte auf
den ersten Blick wirken mögen, so zeichnet sich bereits Márais
Resignation ab. Sein Rückzug aus dem öffentlichen Leben, sein
Sich-Abwenden von den Ereignissen und die gleichzeitige Hin-
wendung zum reinen Wort finden in diesem 1942 vom Autor
selbst zusammengestellten Band eine deutliche literarische
Form. Die Leser, die Sándor Márai durch seine Romane »Die
Glut« und »Das Vermächtnis der Eszter« kennengelernt haben,
werden auch bei diesen Miniaturen die kunstvoll ausgewogene
Balance zwischen Intellekt und Gefühl schätzen.

PIPER

Sándor Márai

Das Vermächtnis der Eszter

Roman. Aus dem Ungarischen von Christina Viragh.
165 Seiten. Geb.

Am Morgen des Tages, an dem Lajos zurückkehren soll,
geht Eszter in den Garten, um Dahlien zu pflücken, die sie
in Vasen auf der Veranda und im Salon arrangiert.
Zwanzig Jahre ist es her, daß er mit seinem unverschämten
Charme, seiner betörenden, so unberechenbaren Präsenz die
ganze Familie in Bann geschlagen hatte: ihren Bruder Laci,
die Schwester Vilma und am leidenschaftlichsten sie selbst –
Eszter. Bis heute ist Lajos ihre einzige große Liebe geblieben,
und bis heute ist sie unheilbar verletzt darüber, daß er damals spontan Vilma und nicht sie geheiratet hat. Nun aber
taucht er wieder auf, dieser verführerische Lügner im
weißen Leinenanzug, und mit ihm drei geheimnisvolle
Briefe, die eine schreckliche Wahrheit zutage fördern…

PIPER

Sándor Márai
Die jungen Rebellen

Roman. Aus dem Ungarischen von Ernö Zeltner.
278 Seiten. Geb.

Ábel, der Sohn des Arztes, liegt auf dem Bett, mit gelocker-
tem Kragen und angespannten Muskeln; er fühlt sich,
als habe er Fieber. Aus der Küche hört er das leise Singen
des Dienstmädchens, das gerade bügelt. Sein verschleierter
Blick schweift aus dem Fenster – und nimmt vage die
Silhouette der engen, kopfsteingepflasterten Gassen wahr.
Der Geruch nach Tabak und Likör, noch vom Kartenspiel
zuvor mit den Freunden, vermischt mit dem schwachen,
pudrigen Veilchenduft aus dem Nebenzimmer, verursacht
ihm Übelkeit. Doch dann rafft er sich auf – denn Béla,
Tibor und die anderen warten bereits am geheimen Treff-
punkt, draußen, im verlassenen Landgasthof.
Während ihre Väter an der Front sind, entdecken vier
Heranwachsende ihre Unabhängigkeit. Sich selbst und den
Dämonen ihrer inneren Revolte ausgeliefert, erfinden sie
geheimnisvolle Spiele, die es ihnen erlauben, der Autorität
ihrer Familien zu entkommen. Erregung und Erwartung,
gegenseitiges Mißtrauen und Eifersucht, Fatalismus und
Resignation – das sind die Gefühle, von denen sich die
vier jungen Männer in die Welt der Erwachsenen treiben
lassen.

SERIE PIPER

Sándor Márai

Bekenntnisse eines Bürgers

Erinnerungen

Aus dem Ungarischen von Hans Skirecki. Herausgegeben von Siegfried Heinrichs. 420 Seiten.
SP 3081

»Bekenntnisse eines Bürgers«, 1934 erschienen, ist die beeindruckende Selbstbiographie eines Europäers, der 1900 in der Provinz der Donaumonarchie als Sohn deutschstämmiger Ungarn geboren wurde. Feinsinnig und amüsant schildert er seine Kindheit und Jugend im Städtchen Kaschau. Seismographisch genau zeichnet er dann den Zusammenbruch der alten Ordnung im Ersten Weltkrieg auf und schließt seine Studien- und Wanderjahre in Deutschland, Frankreich, Italien und England an, nun an seiner Seite Lola, die er, mittellos, aber gierig nach dem »ernsthaften Leben«, noch als ganz junger Mann heiratete. Seine Begegnungen mit Künstlern, Schriftstellern und Schauspielern der wilden zwanziger Jahre führen den Narrenreigen der Bohème seiner Zeit vor allem in Berlin

vor. Sándor Márais feine Lakonie, sein warmer Humor, die Eleganz und Brillanz seiner Sprache einerseits, die präzise Beobachtung und kühle Distanz seiner Erzählhaltung andererseits stellen ihn an die Seite von Autoren wie Elias Canetti, Gregor von Rezzori oder Max Aub, wurzellose Europäer mit enormer erzählerischer Kraft.

»Die ›Bekenntnisse‹ sind von einer Wahrhaftigkeit, die das Leiden bis zum Kippmoment unerträglicher Intensität vorantreibt. Erst dort, am Boden eines scheinbar zerstörten Lebens, beginnt der Aufstieg.«
Frankfurter Allgemeine Zeitung

Elisabeth Gille

Erträumte Erinnerungen

Roman. Aus dem Französischen
von Roseli und Saskia Bontjes van
Beek. 278 Seiten. SP 1911

Elisabeth Gille war fünf Jahre
alt, als ihre Mutter, Irène Némirovsky, nach Auschwitz de-
portiert wurde. Sie begibt sich
mit dem autobiographischen
Roman auf die Spuren ihrer
Mutter, der in den dreißiger
Jahren erfolgreichen Schriftstellerin jüdisch-russischer
Herkunft, indem sie in ihre
Haut schlüpft. Mit der Geschichte dieses ergreifenden
Frauenschicksals wird das vor-
revolutionäre Rußland wieder
lebendig: das wohlhabende jü-
dische Großbürgertum von
Kiew, die elegante, gebildete
Gesellschaft von Moskau und
St. Petersburg. Dem zuneh-
mend antisemitischen Klima in
Rußland entflieht die Familie
nach Paris, wo Irène ihrer Beru-
fung zur Schriftstellerin folgt.
Doch den anrückenden Nazis
kann die Familie nicht entrin-
nen.

»Was für ein Roman! Elisabeth
Gille ist eine großartige ›ge-
träumte‹ Hommage an ihre
Mutter, Irène Némirovsky, ge-
lungen.«
Le Nouvel Observateur

Landschaft aus Asche

Roman. Aus dem Französischen
von Roseli und Saskia Bontjes van
Beek. 208 Seiten. SP 3071

Mitten in einer Nacht des Jah-
res 1942 wird in einem katho-
lischen Mädcheninternat in
Bordeaux ein verstörtes kleines
Mädchen abgeliefert: Léa Lévy.
Ihre Eltern, wohlhabende Pariser Juden, hatten angesichts ihrer bevorstehenden Deporta-
tion beschlossen, sich von ihrem Kind zu trennen und es zu
verstecken. Für Léa, ein wildes,
kluges, eigenwilliges Kind, sind
die entbehrungsreichen Jahre
im Nonnenkloster erfüllt von
der Hoffnung und Sehnsucht,
ihre Eltern eines Tages wieder-
zufinden – und von ihrer inni-
gen Freundschaft zu der etwas
älteren Bénédicte, die ein ähnliches Schicksal getroffen hat.
Als der Krieg endlich vorbei ist,
geschieht ein Wunder: Bénédic-
tes Eltern kehren zurück, um
ihre Tochter zu holen, und nehmen Léa mit. Aber ihr läßt der
Schmerz keine Ruhe: Sie muß
die Wahrheit über das Ver-
schwinden ihrer Eltern heraus-
finden und macht dabei furcht-
bare Entdeckungen.

SERIE PIPER

SERIE PIPER

Max Aub

Die besten Absichten

Roman. Aus dem Spanischen von Eugen Helmlé. 272 Seiten.
SP 2703

»Max Aub war ein Kartograph des menschlichen Unglücks. Sein Roman ›Die besten Absichten‹ beweist, daß er Meere voll trockener Tränen ausgelotet und eisige Wüsten der Einsamkeit vermessen hat. Natürlich brauchte Aub dazu jede Menge Humor. Wie hätte er sonst diese großartige Metapher für dieses unvergleichliche Jahrhundert gefunden: ›Man kann getötet werden, wenn man im falschen Moment vom Weinen rote Augen hat.‹«
Der Spiegel

Der Mann aus Stroh

Erzählungen. Aus dem Spanischen von Hildegart Baumgart, Albrecht Buschmann, Susanne Felkau, Stefanie Gerhold und Gustav Siebenmann. 279 Seiten. SP 2786

Max Aub ist eine der interessantesten literarischen Entdeckungen der letzten Jahre. Seine Meistererzählungen bieten ein aufregendes Kaleidoskop menschlicher Grundbedingungen, die er mit tiefsinnigem Humor, oft lakonisch und sarkastisch wie unter dem Mikroskop seziert. Menschenschicksale und die mystischen Landschaften Mexikos und Spaniens verschmelzen zu existentiellen Bildern, wie sie ähnlich nur Albert Camus heraufbeschwören konnte.

»Für mich ist Aub der größte, der von mir am meisten bewunderte und beneidete Schriftsteller, derjenige, von dem ich am meisten gelernt habe.«
Raffael Chirbes

Jusep Torres Campalans

Aus dem Spanischen von Eugen Helmlé und Albrecht Buschmann. Nachwort und biographische Notiz von Mercedes Figueras. 448 Seiten mit zahlreichen Abbildungen und einem farbigen Bildteil. SP 2787

Die Kunstwelt stand Kopf, als 1958 in Mexiko, begleitet von einer Ausstellung, die Biographie des bis dato völlig unbekannten Malers Jusep Torres Campalans erschien. Kunsthändler meinten, sich an den vergessenen Weggefährten Picassos zu erinnern, für seine Bilder wurden Höchstpreise geboten. Nur – es hat ihn nie gegeben. Wie der Maler eines kubistischen Gemäldes verbindet Max Aub Fiktion und Realität zu einem großen Roman über das Leben und die Kunst.

Jean Rouaud

Die Felder der Ehre
Roman. Aus dem Französischen
von Carina von Enzenberg und
Hartmut Zahn.
217 Seiten. SP 2016

Jean Rouaud erzählt in seinem
mit dem Prix Goncourt ausgezeichneten Debütroman auf
sehr persönliche Weise wichtige Stationen unseres Jahrhunderts nach, indem er sich an
die Geschichte seiner eigenen
Familie erinnert. Eine Saga
also, die drei Generationen
umspannt, ohne sich jedoch
den Regeln der Chronologie zu
unterwerfen. Anlaß zum Öff-
nen dieses Familienalbums geben drei Todesfälle, die sich
alle im selben Winter ereignen
und um die sich die Geschichte
zentriert: der Großvater, ständig von einer Wolke dichten
Tabakqualms umgeben, der
mit seinem zerbeulten 2CV die
Gegend unsicher macht; die
bigotte Tante Marie, die jeweils den Heiligen des Tages
auf ihrer Seite hat und die für
ihren im Großen Krieg gefalle-
nen Bruder Joseph, den sie so
liebte, ihre Weiblichkeit hin-
gab; schließlich der Vater des
Erzählers, dessen früher Tod
die so subtil humorvolle und
skurrile Chronik überschattet
und ihr unausgesprochene Tra-
gik verleiht.

»Nicht nur der Regen ist das
philosophische Element dieses
wunderbar zärtlichen Romans
über ein grausames Jahrhundert. Mehr noch ist es der gift-
grüne Nebel, der die Anfänge
unserer Moderne bedeckt.«
Die Zeit

Hadrians Villa in unserem Garten
Roman. Aus dem Französischen
von Carina von Enzenberg und
Hartmut Zahn.
224 Seiten. SP 2292

»Ein hinreißendes Buch. Es hat
alles, was ich mir von einem
Buch wünsche: Witz, Wär-
me, eine feine, sehr poetische
Sprache, eine großartige Geschichte, es hat Menschlichkeit
und Spannung und berührt
den Leser über das Persönliche
der Familiengeschichte hinaus
auch da, wo es weh tut.«
Elke Heidenreich

Die ungefähre Welt
Roman. Aus dem Französischen
von Carina von Enzenberg und
Hartmut Zahn.
275 Seiten. SP2815

SERIE
PIPER

SERIE PIPER

Stephan Krawczyk

Bald
Roman. 361 Seiten. SP 2859

Der junge Familienvater Roman Bald ist ein sympathischer Taugenichts und Arbeitsverweigerer. In seiner provinziellen Heimatstadt gilt er als verrückter Spinner. Als Mitglied der »Gesellschaft zur Bewahrung des Großen Kanons« kann er seiner etwas ungewöhnlichen Leidenschaft nachgehen, nämlich Wörter sinnstiftend zusammenzufügen. Überall im Land brüten die Teilnehmer über den regelmäßig verschickten Rätselbriefen und suchen bei ihren Treffen gemeinsam nach der Lösung. Was sie nicht wissen: Ihr harmloses Treiben beunruhigt die Obrigkeit, und aus dem Spiel wird bald bitterer Ernst… Mit einer ganz eigenen Poesie und einem liebevollen Blick für die Geschicke der kleinen Leute erzählt Stephan Krawczyk vom Abenteuer, widerspenstig zu sein.

Radek Knapp

Franio
Erzählungen. 160 Seiten. SP 3187

Das Kaff Anin, fünfzig Kilometer von Warschau entfernt, ist für seine Bewohner der Mittelpunkt der Welt. Um Anin hat der Fortschritt gottlob noch einen großen Bogen gemacht, hier spannt der Grashändler Kossa noch seine Stute vor den Karren, näht der Schuster Muschek die Stiefel noch wie anno dazumal, und obwohl in den Häusern schon Fernsehapparate stehen, ist die Anteilnahme der Menschen am Leben der Nachbarn noch höchst lebendig. Sie zelebrieren Freundschaft und Fehden und lassen die Zeit stillstehen, wenn einer ins Fabulieren kommt. Dem Herumtreiber Franio hängen sie ebenso an den Lippen wie dem Mechaniker Lukas, dessen Weltuntergangsphantasien einen guten Vorwand liefern, die Triebenergien noch rasch in lustverheißende Bahnen zu lenken.